DIGA "NÃO!"

Estabeleça e defenda seus limites

DIGA "NÃO!" - ESTABELEÇA E DEFENDA SEUS LIMITES

EDITOR
Luiz Vasconcelos

COORDENAÇÃO EDITORIAL
Equipe Novo Século

PREPARAÇÃO
Adriana Sharada

REVISÃO
Adriana Sharada

DIAGRAMAÇÃO
Gabriela Maciel

CAPA E PROJETO GRÁFICO
Marcelo Siqueira
Stephany Alves Feitosa

Texto de acordo com as normas do Novo Acordo Ortográfico da Língua Portuguesa (1990), em vigor desde 1º de janeiro de 2009.

Dados Internacionais de Catalogação na Publicação (CIP)
Angélica Ilacqua CRB-8/7057

Hetem, Luiz Alberto
Diga "NÃO!" : estabeleça e defenda seus limites / Luiz Alberto Hetem. -- Barueri, SP : Novo Século Editora, 2025.
256 p.

ISBN 978-85-428-1923-6

1. Desenvolvimento pessoal 2. Psicanálise 3. Limites pessoais
I. Título

25-4918 CDD 158.1

Índices para catálogo sistemático:

1. Desenvolvimento pessoal

Uma marca do Grupo Novo Século

Alameda Araguaia, 2190 – Bloco A – 11º andar – Conjunto 1111
CEP 06455-000 – Alphaville Industrial, Barueri – SP – Brasil
Tel.: (11) 3699-7107 | E-mail: atendimento@gruponovoseculo.com.br
www.gruponovoseculo.com.br

DIGA “NÃO!”

Estabeleça e defenda seus limites

Anotações de um psiquiatra sobre dizer não, colocar limites e decidir por si mesmo

Luiz Alberto Hetem

ns

SÃO PAULO, 2025

Advertência

Não dizer "não", concordar com tudo ou sempre abaixar a cabeça é nocivo, dizê-lo, porém, excessivamente, sem critério ou conhecimento de causa é prejudicial para si e para os que lhe são próximos. Diga "não" com sabedoria e moderação.

Aos que não têm liberdade de escolha nem o direito básico de dizer "não" devido às circunstâncias em que vivem.

SUMÁRIO

Agradecimentos

Este livro não seria viável sem o apoio de algumas pessoas que, felizmente, não se recusaram a colaborar em algum nível com seu processo de elaboração. Agradeço em especial à Mariana Hetem e Carolina Fagnani pela leitura de algumas partes e comentários que muito contribuíram na resolução de alguns pontos críticos do texto;

À Carolina Novak, pelas sugestões e questionamentos que esclareceram alguns pontos e enriqueceram sua discussão;

Ao Luiz Vasconcelos, que sempre se manteve disponível, mesmo nos momentos mais corridos e me estimulou a seguir com a escrita compassada, sem pressa nem apavoramento;

À minha querida companheira de vida, Cristina Hetem, que leu trechos do texto original e fez comentários, apoiou o projeto e cedeu tempo nosso para que eu o escrevesse.

Por que escrevi este livro e por que vale a pena lê-lo

A ideia deste "pré-prefácio" surgiu quando reli, pela enésima vez, *Como fazer amigos e influenciar pessoas* (1936), de Dale Carnegie (1888-1955), um dos pioneiros no ensino de técnicas de comunicação interpessoal, escritor e orador estadunidense. O livro continua sendo referência para quem quer desenvolver e aprimorar habilidades sociais, tornando-se mais persuasivo na exposição de seus argumentos. Já foram vendidos mais de 30 milhões de exemplares. Se ainda não o leu, não deixe de fazê-lo.

Enquanto lia o livro de Carnegie, passou pela minha mente que, talvez, eu estivesse me contrapondo às ideias e técnicas nele descritas. Logo concluí que não. E nunca foi essa a minha intenção. Irving Tressler, jornalista e autor da sátira *Como perder amigos e alienar as pessoas* (1937), traduzida para o português em 2019, fez esse contraponto de modo explícito e bem-humorado.

Ainda no processo de posicionamento deste livro, percebi que, se Carnegie se dispôs a ensinar vários modos e estratégias para envolver as pessoas, no bom sentido, eu, por outro lado, aspiro descrever maneiras de se esquivar de pessoas envolventes, sedutoras, chantagistas, manipuladoras e exploradoras.

Em sua obra, Carnegie trata de investidas; na minha, trato de manobras defensivas. Ou seja, os livros se complementam. Para os que querem lapidar e polir suas técnicas de persuasão, Carnegie é leitura obrigatória. Para quem se senteacuado, este conteúdo que tem em mãos pode ser de alguma valia.

Prefácio

Você diz "não" sempre que tem vontade? Não? Nem eu. Difícil, aliás, que haja pessoa inserida na sociedade que consiga fazer isso. Mas o problema maior não é esse. A questão é que, muitas vezes, dizemos "sim" quando queremos dizer "não". Quem nunca se recriminou por agir assim? Não sofreu com o conflito da vontade de se posicionar com a incapacidade de fazê-lo? Quem não se censurou por não ter dito "não" em resposta à solicitação inoportuna? Pois é. E aí? Mais um livro de autoajuda que ensina como se deve mudar o comportamento, sugerindo que é uma tarefa fácil? Não, definitivamente não. Desses, já temos grande número, dos quais li boa parte durante a preparação para redigir este daqui.

Não acredito que problemas emocionais, comportamentais e relacionais possam ser solucionados com receitas genéricas e impessoais. Busco preencher uma lacuna na literatura nacional de divulgação de conceitos psicológicos e aprofundar uma questão muitas vezes encarada com superficialidade e sem a devida fundamentação.

O que me propus a fazer foi esboçar um plano de capacitação para dizer "não" com firmeza, segurança e assertividade, partindo do ponto em que cada pessoa se encontra nessa habilidade social — a qual será definida com relativa precisão após a leitura da primeira seção deste livro. Nela, você será apresentado a conceitos balizadores para que se situe e inicie sua jornada de autodescobrimento e aperfeiçoamento da capacidade de dizer "não" bem ditos.

Apresentarei, sem mais delongas, as etapas que compõem o caminho a ser seguido. Desse modo, você não perderá tempo, caso não seja isso o que busca. A ideia é propor perguntas essenciais cujas respostas serão desenvolvidas e fundamentadas oportunamente ao longo das demais seções do livro. São elas:

- O que quero? Por quê?
- O que depende de mim?
- O que posso, de fato, fazer para atingir meu objetivo? Como? Por onde começar? Quando?
- Como saber que meu objetivo foi atingido? Ele é compatível com outros que tenho?
- O que ganharei (e perderei) com isso?

Num dado momento, durante a escrita, cheguei a pensar que deveria colocar na capa um aviso: "leitura recomendada para adultos". Afinal, adolescentes falam "não" com muita facilidade. Depois, refletindo melhor, dei-me conta de que, mesmo sendo esse um fato constatado, os adolescentes nem sempre falam "não" na hora certa e para a coisa adequada. Tanto é que, muitas vezes, são vítimas de abuso; é na adolescência que costuma acontecer o primeiro contato com drogas; além disso, o número de suicídios está aumentando nessa faixa etária.

Para tornar mais claros os conceitos e facilitar a compreensão das dificuldades em dizer "não", criei personagens que ilustram diferentes formas de reação diante de situações em que esse limite se faz necessário. Ei-los:

- "Agressivo" — de "estopim curto" e que reage de imediato sob pressão).
- "Inseguro" — sempre preocupado em agradar e ser bem-quisto, dependente da opinião alheia e carente de autoconfiança.

- "Contido" — entende bem a dinâmica dos relacionamentos, mas tem dificuldade em expressar o que sente e se posicionar com clareza.

- "Safo" — astuto, hábil em inventar desculpas para evitar pronunciar um "não".

- "Assertivo" — considerado modelo, meta a ser atingida, mostrando que é possível mudar e não permanecer preso às próprias limitações.

- "Perfeccionista" e o "tô-nem-aí" — cujos nomes dispensam explicação, e que terão papel essencial no desenvolvimento das ideias apresentadas neste livro.

Como cada tipo se organiza na "trama"

- Roberto "agressivo" é casado com Joana "inseguro". Eles têm uma filha: Maria "passivo-agressivo".

- Raul "contido" é solteiro e tem uma irmã, Sônia "contido-inseguro".

- João "safo" foi casado com Nilda "inseguro", irmã de Joana "inseguro". Hoje estão divorciados e têm um filho: Paulo "inseguro-safo".

- Marcos e Luísa "assertivo" têm dois filhos: Guto e Bia "assertivos" puros, de origem, mas que, ainda jovens, trazem consigo insegurança e agressividade, respectivamente. Sendo assim, você deve ter percebido que ninguém nasce um "assertivo" pronto. Para obter essa denominação é preciso fazer por merecer: dedicar-se com esforço e perseverança para conquistá-la.

- Pedro "perfeccionista" e Bruna "tô-nem-aí" completam o time. Ambos solteiros, trabalham na empresa de Marcos "assertivo". Ele na contabilidade e ela na recepção.

Todos são inspirados em pessoas com quem cruzei nas voltas e rodopios que a vida dá, tanto na trajetória pessoal quanto na profissional, e em mim mesmo, nas minhas reações, nos desdobramentos delas, na análise que fiz de uma coisa e outra (reações e consequências) e nos esforços para mudança de algumas características marcantes de minha personalidade, desde simples polimento a reformas estruturais. Não se preocupe em memorizar cada um dos personagens. Como em um romance russo, apenas leia o texto. Logo você vai se familiarizar com todos eles. Vai até se sentir fazendo parte do passeio que alguns deles farão em um fim de semana prolongado.

Espero que este livro o ajude a compreender processos psicológicos e relacionais que influenciam a dificuldade de se autoafirmar e lhe traga informações úteis sobre comunicação humana. Se o que ler aqui contribuir para maior entendimento de si, de nós e entre nós, já me dou por satisfeito.

Desejo que, ao fim e ao cabo, compreenda os porquês da sua dificuldade para dizer "não", três letras e um sinal diacrítico que formam palavra tão poderosa — para o bem e para o mal, o melhor demarcador de limites —, e que se sinta confiante para dizê-la, com consciência, fluência e no momento certo; não apenas pronunciá-la mecanicamente.

Regras do jogo e ponto de partida

PARTE 01

CAPÍTULO 1

CONTORNOS E LIMITES

O conceito de limite, com maior ou menor clareza e profundidade, faz-se presente sempre que pensamos em algo (uma pessoa, um objeto, um cômodo, uma casa, um apartamento, uma propriedade rural, o bairro de uma cidade, uma cidade, um estado, um país etc.) separado ou distinto do seu entorno.

Há um limite (uma linha) separando São Paulo de Minas Gerais; há um limite (um círculo) determinando o alcance da cobertura de uma antena de telefonia móvel; há um limite (uma casca) envolvendo a laranja, há um limite (uma cerca) demarcando uma propriedade ou um parque, e assim por diante.

Algumas vezes, a exata localização do limite não é clara; em outras ocasiões, é controversa, como entre o fim da praia e o início do mar aberto, ou entre a atmosfera e a água. O fato é que, sejam precisos ou difusos, naturais ou artificiais, para cada ser e para cada objeto há limites que o distinguem do restante do mundo.

Aristóteles, grande filósofo grego, discípulo de Platão, definiu limite como o último ponto de cada coisa e explicou que ele poderia ser determinado de duas formas distintas[1]. Do interior para o exterior, de dentro para fora, é o primeiro ponto além do qual não se encontra mais qualquer parte da coisa. No sentido contrário, de fora para dentro, é o primeiro ponto em que já se encontra algo da coisa.

---

1 Aristóteles. *Metaphysics*, Livro V, capítulo 17, 1022a4-5.

Tal definição é tão intuitiva que dela se originam praticamente todas as investigações do conceito, sejam matemáticas, físicas ou filosóficas. Certamente, ela bastará para fundamentar algumas ideias acerca de limites sociais e interpessoais que vou desenvolver a partir de agora. Sim, foi isso mesmo que você entendeu. Vou falar de limites entre pessoas, cujo demarcador mais potente, como pretendo demonstrar neste livro, é o "não" bem dito.

Antes de entrar no cerne da questão – os limites das pessoas, o demarcador desses limites e o respeito que deles se deve exigir – faz-se necessário abordar dois pontos conceituais envolvendo limites que nos auxiliarão na discussão posterior. O primeiro deles é a quem pertence o limite. Explico. Quando se tem duas entidades (ou duas partes da mesma coisa) contíguas, o limite é o que separa uma da outra. Até aí tudo bem, mas o limite pertence a qual delas?

Imagine uma casa em que a cozinha, a copa, a sala de jantar e a sala de estar são integradas. Existe uma delimitação entre a sala de estar e a de jantar, mas o limite exato, onde termina uma e começa a outra, não é claro. Colocando-se nesse ponto de transição, você perceberá que não é possível dizer com precisão a qual ambiente ele pertence.

O segundo tem a ver com o quanto os limites são naturais (genuínos e autênticos) ou artificiais (definidos arbitrariamente, por convenção ou conveniência). A rigor, questiona-se a existência de limites naturais entre conceitos abstratos. A ideia, por exemplo, de que minha liberdade termina onde começa a do outro é muito bonita, mas onde fica esse limite? O mesmo ocorre com a fronteira entre psiquiatria e psicologia, ou ainda entre psiquiatria e filosofia. Há uma superposição das bordas dessas áreas de conhecimento. Pois bem, o mesmo ocorre na esfera de relações humanas.

Os limites físicos são claros. Ainda que duas pessoas estejam encostadas uma na outra, é possível distingui-las sem dificuldade. Porém o que dizer do espaço de cada uma delas, da delimitação de sua privacidade? Onde começa e onde termina? Percebe-se aí o nó da questão: há um limite natural, mas, em casos como esses, ele é definido hierárquica e arbitrariamente, dependendo da cultura, da época e das relações sociais.

Após esse rápido sobrevoo sobre o tema, creio que concordará comigo: limites são essenciais para a visão de mundo do senso comum, mas se tornam problemáticos quando se busca estabelecê-los com precisão. Não vou entrar no mérito de explicar as teorias sobre limites — realistas, eliminativistas e operacionalistas — porque os conceitos que apresentei já bastam para explorarmos o que nos interessa aqui. Só pelos nomes é possível inferir que são complexas e, de certo modo, excludentes. Então, chega de filosofia; passemos para algo mais palpável — se é que se pode dizer isso de relações humanas.

Pense por um minuto sobre essa questão: você tem alguma dificuldade para estabelecer o seu limite e o de uma parede em que está encostado? Entre você e seu companheiro, mesmo quando estão abraçados? Provavelmente não, certo? E entre o seu espaço e o de outra pessoa? Aí, dependerá de quem é o outro, do contexto, do grau de formalidade e de outras variáveis.

O que há pouco era claro tornou-se indistinto, incerto e, mais importante ainda, mutável. Vou utilizar o termo "halo" para me referir a esse espaço próximo do limite, mas um pouco além dele. Ficou confuso? Vou colocar de outra forma para facilitar o entendimento. Insisto neste ponto porque a terminologia poderá auxiliar na compreensão desses limites abstratos e, principalmente, na sua defesa. Imagine que exista um espaço à nossa volta que vai além do limite físico demarcado por nossa epiderme. É a esse campo que chamo de halo. Ele é demarcado por um contorno invisível, que ainda faz parte de nós. Nada a ver com religiosidade ou espiritualidade, é apenas uma metáfora para favorecer o entendimento de uma ideia complexa. Podemos fazer ainda mais uma analogia que, talvez, permita uma visualização mais concreta do que estou querendo dizer. Nessa comparação, a costa litorânea do Brasil seria o limite territorial. A partir dela, desde março de 1970, o Brasil passou a reconhecer uma faixa de até 200 milhas marítimas como zona econômica exclusiva — uma extensão de direitos sobre o mar, o nosso halo. Essa faixa é demarcada por um contorno no Oceano Atlântico, sempre mais impreciso do que o limite fixo da costa. Ficou mais fácil agora? Espero que sim. Nada como metáforas e analogias para ajudar na assimilação de um conceito mais complicado.

Marcos "assertivo" relatou uma passagem que, creio, será útil para ilustrar desdobramentos práticos dos pontos descritos acima:

"Éramos seis casais de amigos e fomos passar uma semana em um hotel-fazenda. Já havíamos viajado juntos, essa mesma turma, umas quatro vezes. Sempre nos demos muito bem, cada um respeitando o espaço e o ritmo dos outros. Nessa ocasião em particular havia uma novidade: mais um casal. A mulher era amiga de nossas esposas; e o marido, um ilustre desconhecido. Pois bem, o cara era um 'xarope'! Só reclamava — das acomodações, da comida, do clima, da mulher. Imagine o que não deveria falar de nós para ela...!

Chato mesmo. E espaçoso. Cumprimentava com um aperto de mão e já se aproximava demais, falava perto da cara. E não em tom mais baixo, como se estivesse cochichando. Não! Falava normalmente. Invadia nosso espaço individual e coletivo. O individual, com essa proximidade física excessiva; o coletivo, por não se preocupar com o assunto em pauta durante as conversas, intrometendo-se sem ser convidado e sempre querendo impor o que queria falar — em geral, alguma reclamação qualquer. Isso foi percebido no primeiro dia! Tínhamos ainda seis pela frente. E as mulheres adoravam a esposa dele.

Roberto 'agressivo' já havia dito que, da próxima vez que ele, depois do aperto de mão, viesse para cima como se fosse dar um beijo, levaria uma porrada. João 'safo' colocava panos quentes. Dizia para o Beto deixar quieto, para ter calma, que o cara era assim e não fazia por mal etc. Aquilo não iria acabar bem.

Na manhã seguinte, mulheres de um lado na piscina e homens do outro; eis que ele chega. Havia dormido até mais tarde. O primeiro que ele cumprimentou fui eu. Já reparou como se dá um aperto de mão?

O cotovelo, em geral, fica dobrado, de forma que antebraço e braço fiquem relaxados. Um bom aperto de mão se dá com as mãos, não com o braço. Pois então, ele me estendeu a mão, e eu a apertei com a minha, mantendo o braço totalmente estendido, reto. Mesmo que quisesse se aproximar, meu espaço estava defendido. Ele percebeu, até porque ficou meio estranho, apesar de eu tê-lo saudado de modo cordial. Os outros também notaram. Ficou um clima esquisito, tanto que ele, um pouco constrangido, nem os cumprimentou estendendo a mão, mas sim com um aceno geral.

Um pouco mais tarde, naquele mesmo dia, vendo que eu estava sozinho, ele se aproximou e perguntou, meio sem graça, por que eu havia feito aquilo. Expliquei que não gostava de tanta proximidade física com ninguém, e o jeito dele de cumprimentar me incomodava; sentia como se ele estivesse invadindo meu espaço. Falei isso com naturalidade, numa boa. Ele ficou me encarando por uns segundos, virou as costas e foi embora, acho que para o quarto dele. O jantar, depois disso, todos juntos em uma grande mesa, transcorreu normalmente. Ele ficou mais calado, acompanhando o que era falado sem dar opinião.

No outro dia, assim que teve oportunidade, perguntou-me discretamente se poderíamos conversar. Respondi que sim, que já estávamos conversando. Ele então me agradeceu e disse que nunca ninguém havia sido tão sincero e objetivo com ele. Contou que, por causa do que eu lhe dissera, lembrara-se de conhecidos que se afastaram dele sem que ele entendesse bem o motivo.

— Bom saber que ajudei — falei. Ao que ele emendou dizendo que verdadeiros amigos são assim e que esperava que, com a convivência, pudéssemos desenvolver uma amizade. Falei que sim, que o tempo iria mostrar. E mostrou: nossas esposas se afastaram da dele; e ele, consequentemente, de nós."

Esse relato ilustra vários pontos que serão desenvolvidos no decorrer deste livro: que todos temos um limite físico e também algum espaço um pouco além dele (que chamei de halo), cuja extensão é variável e que determina nosso contorno; que o "não" bem dito é o demarcador desses limites; que ele não precisa, necessariamente, ser verbalizado — pode ser expresso pela linguagem corporal; e que, quando dito de forma apropriada, com naturalidade e segurança, não fere as outras pessoas.

O halo não interfere nos limites de uma pessoa, mas determina o seu contorno. Assim sendo, pode haver nele uma ou outra saliência. Na história que Marcos "assertivo" contou, o sujeito era espaçoso, tinha um halo extenso e com protuberâncias incômodas. O halo pode ser largo como um escafandro; médio, como uma armadura; fino, como uma roupa de neoprene; ou extrafino, como uma película. Não sei quanto a você, mas tento fazer com que o meu se mantenha fino com proteções nos pontos mais sensíveis, como se fossem joelheiras, cotoveleiras e capacete. Com isso, minha movimentação é mais natural e meus posicionamentos, mesmo quando firmes, não são esquisitos. Lembre-se de que os demarcadores do contorno, da extensão do halo, são os "sim", enquanto os "não" marcam nosso limite.

Mais algumas considerações se fazem necessárias neste primeiro capítulo. O contorno de cada um varia, como já expliquei. Depende de quem são os envolvidos, do contexto, do grau de formalidade, do grau de intimidade, do local etc. Essa variação depende de regras. Regras que, por sua vez, também variam de cultura para cultura e de época para época. Ou seja, o que é considerado aceitável em uma cultura pode ser ultrajante ou repugnante em outra. Do mesmo modo, o que já foi admitido e até estimulado, visto com bons olhos no passado, pode ser tido como extremamente inadequado nos dias de hoje.

Exemplos não faltam. O ponto aqui é que essas regras de boa convivência, vamos chama-las assim para simplificar, podem ser traduzidas em qualquer tempo e em qualquer cultura, por uma dicotomia brilhantemente explorada por Brené Brown[2]: o que é *ok* e o que não é *ok*. Em

---

2 Pesquisadora e escritora estadunidense, em: A coragem para liderar: trabalho duro, conversas difíceis e corações plenos (2019).

outras palavras, algumas coisas são permitidas e aceitas, outras não. Os *ok* estabelecem o contorno, os "não *ok*"; ou, simplesmente, os "não", os limites mínimos.

E aqui já lhe dou uma palhinha de algo que será desenvolvido pouco a pouco e à exaustão nos próximos capítulos do livro: em impasses nos quais se faz necessário dizer "não" a alguém, a responsabilidade pelas reações emocionais do outro ao seu posicionamento não deve ser assumida como sua. A pessoa tem todo direito de ficar surpresa, irritada, frustrada ou triste. Para uma resposta comportamental que considere ofensiva ou injusta, deve-se estipular limites. Brené Brown dá alguns bons exemplos. Ficar nervoso é aceitável. Gritar, não. Ficar frustrado é admitido. Interromper a fala de alguém e virar os olhos, não. Emocionar-se, tudo bem. Comentários sarcásticos, passivo-agressivos, não.

Por fim, lembre-se que, em geral, dizer "não" para o outro equivale a dizer "sim" para você, para seus planos originais e suas prioridades. Lógico que, em determinadas situações, eles têm que ser revistos à luz de acontecimentos inesperados, mas você é que avaliará isso; a decisão final será sua. E é você quem sofrerá as consequências se disser "sim" quando, na verdade, deveria dizer "não".

O "não" é o demarcador de limites por excelência. Somente territórios com limites bem delineados e fronteiras fortificadas possibilitam a esperança de que serão defendidos.

Capítulo 2

Não é fácil dizer "não"

Realmente, não é fácil dizer "não". Para complicar, a ideia não é dizê-lo sempre, mas sim por um bom motivo, adequadamente, no momento correto e para quem merece. O objetivo deve ser desenvolver essa capacidade e utilizá-la quando julgar necessário, de forma construtiva e balanceada. Muito frequentemente, vivenciamos situações e impasses em que sai "sim" de nossa boca enquanto nossa mente grita desesperadamente que a resposta seja "não". Essa é a história de vida de algumas pessoas. E por que isso é assim? De novo: porque não é fácil dizer "não" (e, menos ainda, sustentá-lo), por diversas razões, como veremos.

Desde logo é bom deixar claro que dizer "não" de maneira apropriada é habilidade que pode ser aprendida e aprimorada, mas à custa de esforço considerável. Para muitos de nós, colocar isso em prática requer revisão bastante aprofundada e às vezes sofrida do que aprendemos desde a mais tenra infância. Colocar-se em primeiro lugar; considerar suas prioridades antes das dos outros, de modo realista, balanceado e apropriado não é o que nos foi ensinado. Imersos na cultura judaico--cristã pasteurizada e abrasileirada, algumas regras — respeitar os pais, os mais velhos e as autoridades; não fazer ao outro o que não gostaríamos que nos fizessem; ser amável e solícito — nos foram transmitidas de maneira acrítica e absoluta. Por favor, não me entenda mal. Não é que discorde dessas orientações, de seu conteúdo, mas sim de como foram (e ainda são) transmitidas, gerando dor e sofrimento mental exagerados e estéreis.

O Cristianismo é o legado mais longevo e influente desde o mundo antigo. Seu surgimento foi o episódio mais transformador da história do Ocidente[3]. Sem dúvida, é a corrente de pensamento moral mais difundida entre nós. Independentemente da crença religiosa, estamos todos imersos culturalmente em seus preceitos. Isso não significa que eles não possam ser disseminados de modo que o sofrimento que ocasionam não seja tão grande.

Dizer "não" pode parecer simples, mas o que de fato acontece é que em geral nos sentimos desconfortáveis ao fazê-lo. Pelo menos em parte, porque dizer "não" vai de encontro à ideia de agradar os outros, principalmente os que nos são caros. É bom saber, todavia, que sistematicamente relegar suas necessidades a segundo plano para satisfazer as dos outros é um dos caminhos para o ressentimento e a amargura. Por outro lado, a ideia que defendo aqui — de respeitar suas próprias necessidades e colocá-las em primeiro lugar — não significa ignorar as necessidades dos outros, mas sim ressaltar a importância de não abandonar as suas no processo.

Além disso, sempre, note bem — sempre — que dizemos "sim" para alguém quando o correto seria ter dito "não", consumimos precioso tempo, que poderia (ou deveria) ser utilizado em coisas nossas que demandam esse mesmo tempo. E aí o que comumente acontece? Ficamos chateados conosco mesmos ou, o que é pior, com a pessoa que nos fez a solicitação, como se fosse culpa dela não termos sido capazes de dizer "não".

Imagine que se dispôs a estudar um novo idioma porque está convencido de que ele lhe será útil em determinados contextos e com alguns

3 Se houver interesse em se aprofundar neste tema, sugiro a leitura de *Domínio. O Cristianismo e a criação da mentalidade ocidental* (2023), do historiador inglês Tom Holland (1968-).

interlocutores e enriquecerá seu repertório de comunicação pessoal. Se já passou por isso, vai se lembrar do quanto no começo parece difícil, frustrante e irritante. À medida que se progride na aquisição da gramática e do vocabulário a coisa começa a fluir.

Essa analogia com o processo de aprendizagem de um novo idioma auxilia no entendimento do quanto são importantes a dedicação e a prática no desenvolvimento da habilidade de dizer "não". Por outro lado, mesmo considerando essa comparação útil, cabe deixar bem claro que saber dizer "não" é mais importante que ser fluente em qualquer outro idioma porque essa é uma habilidade que poderá ser empregada em todas as línguas.

Tudo bem até aqui? Espero que sim, pois estamos só começando.

O primeiro passo para nos dispormos a trabalhar para resolver um problema é aceitar que ele existe. E então? Você tem dificuldade para dizer "não"? Se sim, vamos adiante. Essa leitura pelo menos fará com que você não se sinta só. Se existem livros escritos sobre esse assunto, seguramente não é algo banal. E não me refiro apenas a esse que tem em mãos. Cito vários deles nas sugestões de leitura complementar.

CAPÍTULO 3

POSSÍVEIS RAZÕES PARA A DIFICULDADE DE DIZER "NÃO"

"Por que digo 'sim' quando quero dizer 'não'? Por que custa tanto ser coerente com o que penso e sinto?" — Escutei essas perguntas incontáveis vezes no consultório. Mais como se a pessoa estivesse se questionando, pensando em voz alta, do que as dirigindo para mim. Daí nasceu a ideia de escrever este livro. Demorou até. O problema é comum demais, tanto que alguns pensam que é normal que seja assim. Definitivamente, não é.

Dizer "não" de modo adequado e sem comprometer os relacionamentos requer certa destreza na interação verbal e no relacionamento interpessoal. É fato. Mas somente isso não justifica a complexidade de algo aparentemente simples. Por que é tão difícil dizer "não"? Vou apresentar e comentar as razões mais comuns. Sem dúvida você se identificará com algumas e perceberá que boa parte delas é baseada no receio de o que "as pessoas" vão pensar.

É incrível que nos preocupemos tanto com o que os outros vão achar de nós, não é? Na verdade, não é tão surpreendente assim. Sentir-se aceito, reconhecido, admirado e querido é uma das necessidades humanas, segundo Abraham Maslow[4]. Para ela ser satisfatoriamente atendida,

4 Psicólogo estadunidense que, no livro *Teoria das necessidades humanas* (1943), propõe que elas podem ser hierarquizadas em cinco níveis: fisiológicas, de segurança, de amor/pertencimento, de estima e de autorrealização.

há que se haver o balanceamento entre o que os outros esperam e o que a própria pessoa espera de si. A necessidade de estima e de reconhecimento é, segundo Maslow, uma mola propulsora do desenvolvimento pessoal em busca da autorrealização, à medida que é fundamental para a imensa maioria das pessoas. Pode, contudo, tornar-se um obstáculo dependendo do que se fizer em busca da aprovação dos outros a qualquer custo.

Criação – É feio dizer "não"

Dizemos "sim" quando gostaríamos de dizer "não", primeiramente, porque foi o que nos ensinaram. É cultural: desde crianças aprendemos a importância de sermos polidos e bem-educados. Ora, uma das facetas da polidez é dizer "sim" quando as pessoas mais velhas, principalmente as da família e as da escola, pedem para que se faça algo. O "não" nessas situações fatalmente será considerado rude e desrespeitoso, mesmo que justificado. Seja por educação, respeito e, muito mais do que se pensa, por medo de castigo ou de punição, somos programados para colocar as necessidades dos outros antes das nossas.

Os adultos já mais maduros, entre os quais me incluo, foram criados com a ideia de que dizer "não" é feio; sinal de egoísmo, grosseria e insensibilidade. Fomos treinados para falar "sim", mostrar-nos amáveis, zelosos e preocupados em agradar quem está à nossa volta, muitas vezes esquecendo ou passando por cima de nós mesmos, de nossas necessidades, de nossas vontades, de nossos interesses e de nossas preferências, para agir de acordo com essas convenções. Tal crença é ainda parte significativa do sistema de valores de nossa sociedade.

Desde muito cedo, e mesmo na idade adulta, tentamos viver de acordo com o que aprendemos ser correto, honrado e digno. Isso é assimilado e passa a funcionar como um sistema operacional, um programa que rege nossos protocolos de comportamento, obrigando-nos a sacrifícios, renúncias, autoenganos e autotraições. O resultado? Falo por mim, mas sei que uma multidão me faz coro: frustração, amargura e ressentimento. Pode até haver satisfação inicial, em geral fugaz e sempre transitória, pela felicidade que proporciona ao outro escutar um "sim", mas não passará disso.

Cada vez que renunciamos à nossa preferência, que não somos capazes de nos negarmos a assumir responsabilidades dos outros, que transformamos um "não" em um "sim" indesejado, abrimos mão de nossa autonomia e a transferimos para as mãos do solicitante. Como sintetizou bem um paciente que segue comigo há muito tempo e que considero admirável: não se dá o controle da nossa vida para outra pessoa.

Que fique claro: não creio que essa doutrinação a que me referi seja completamente equivocada. Apenas penso que ela tem, como efeito colateral, exatamente a dificuldade de dizer "não" no desenrolar da existência, mesmo diante daquilo que, no fundo, sabemos que não deveríamos aceitar. Aí surgem os problemas que abordaremos aqui e que, uma vez compreendidos e assimilados, poderão ser resolvidos e, quem sabe, prevenidos.

Somos uma combinação do que herdamos, do que aprendemos e do que fazemos com o que herdamos e aprendemos. A última parte da equação é a que depende de nossa escolha. As outras duas (herança e educação), não. O que fazemos com o que recebemos pode (a meu ver, deve) ser reavaliado à luz do que vivenciamos a partir de certo nível de maturidade.

Outro reforçador da postura "antinão" é o simples fato de não gostarmos de escutar "não", de não sermos adequadamente preparados para escutá-lo e assimilá-lo e nem para aprender com essa experiência. Pense bem. Qual foi a única palavra que mais escutou na sua vida? Se tiver sido criado no mesmo mundo que eu, sem dúvida foi "não". E, pior, indiscriminadamente. Aí reside uma das raízes das coisas serem como são.

Em contraponto com o que escrevi alguns parágrafos acima — que fomos treinados para dizer "sim" para muitos ao nosso redor, desde sempre escutamos muito mais "não" do que "sim", porque assim é a vida. No decorrer da sua formação, que deveria nos preparar para o enfrentamento do meio em que vivemos, com seus riscos e ameaças, hábitos e costumes, certo e errado, todo ser humano, desde bebê, vive em conflito entre o que quer fazer (seus impulsos e desejos) e o que deve fazer (suas obrigações).

Na prática, o que acontece é que "não" é a palavra de ordem, já que com muito menos frequência se escuta "sim" quando se faz a coisa certa (que é entendida como nada mais do que a obrigação). A resposta emocional aos primeiros "não" costuma ser frustração, decepção e raiva. Pela frequência com que é provocada, ela fica incrustada em nosso ser. Assim sendo, com facilidade colocamo-nos no lugar do outro, a quem pensamos em dizer "não", e hesitamos, revemos nossa decisão. Sabemos como é difícil escutar um "não".

Espero ter deixado claro que a orientação mais comum para as crianças é que sejam educadas, respeitosas e solícitas para com os outros; essa sem dúvida é a prioridade na nossa formação básica em termos de relacionamento interpessoal. À medida que envelhecemos, contudo, a vida exige posturas diferentes e aí o mais adequado seria um balanceamento entre ser polido, altruísta e solidário, por um lado, e saber colocar limites, dizer um "não" firme, por outro.

Antes de prosseguir, uma observação: não sou adepto e não incentivo nem o egoísmo nem o individualismo selvagem. Até pelo contrário, por acreditar piamente que é colaborando uns com os outros, juntos e nos entendendo, que seremos capazes de progredir e nos tornarmos seres humanos melhores, busco e prego o aprimoramento das habilidades interpessoais. Ou seja, o intuito aqui é o balanceamento — algumas vezes dizer "sim" e outras, "não" — conscientemente e bem inteirado do que se passa, reconhecendo o valor do altruísmo e da solidariedade, mas respeitando os próprios limites.

> Independentemente de como você foi criado, é possível aprender a dizer um "não" polido e educado, mas firme e convincente, e a sustentá-lo.

Distorções cognitivas

As distorções cognitivas são pensamentos, ideias e crenças pessoais acerca de como somos e de como devemos nos comportar para melhor nos adaptarmos ao mundo como o vemos. Elas não necessariamente se originam na primeira infância. Podem surgir no decorrer da vida adulta, na forma de adaptações a vivências traumáticas ou de mecanismos de compensação para "defeitos" que julgamos ter.

Sônia "contido-inseguro", mergulhou nas profundezas da própria dor durante uma depressão severa e, ao retornar à superfície, emergiu transformada — mais forte, mais lúcida e enriquecida pela experiência. Hoje, especialista no tema, ela oferece exemplos valiosos desses contorcionismos mentais:

- Pensar que o problema são os outros, ou, colocado de outra forma, que somos vítimas incompreendidas. O corolário dessa crença é que se os outros mudarem, agirem de modo diferente, não haverá problemas.

- Manter presentes preconceitos, más impressões antigas ou vivências ultrapassadas, cultivando-os ou os reforçando.

- Não distinguir entre intenções e propósitos — dois aspectos distintos, embora relacionados, de nossas ações: "o que quero fazer?" e "por que quero fazer?", respectivamente.

- Sempre se achar certo. Tratar as próprias crenças como se fossem verdade absoluta e não como hipóteses a serem testadas. Adequadamente testadas, diga-se de passagem. Do contrário, lógico, serão sempre reforçadas.

> Distorções cognitivas que perturbam seus relacionamentos — procure e as achará.

Obrigação de reciprocidade

Outra coisa que nos é ensinada precocemente e muito reforçada com o passar do tempo é a regra da reciprocidade, ou seja, que se alguém for legal com você, tratá-lo bem ou lhe fizer favores, você deve ser legal com ele também. É um princípio balizador do relacionamento interpessoal. Em algumas situações, entretanto, o sentimento de obrigação derivado dessa regra pode ser bastante perturbador e motivar que se diga "sim" quando a resposta deveria ser "não".

"Pode acontecer de você dizer 'sim' por conta de uma dívida moral", afirmou Raul "contido".

Pedi que ele desenvolvesse essa ideia e ele o fez com alguns volteios, pela sua característica dificuldade de se expressar, mas finalmente demonstrou seu ponto. Falou com o conhecimento de causa próprio de quem vivenciou o que estava sendo discutido:

"Às vezes, o que está por trás de um 'sim' contrariado é o sentimento de obrigação em relação a alguém que nem lhe fez algum favor recentemente, mas que, ao longo da vida, esteve ao seu lado nos momentos difíceis. Você se lembra disso, pois se sente grato e em débito com essa pessoa."

E foi mais além:

"Comigo aconteceu isso, e na hora não me dei conta. Só depois. Um amigo de longa data, e que não via há tempos, reavivou essa sensação de obrigatoriedade para com ele ao relembrar, quando nos reencontramos — a pedido dele, que havia me passado cola na escola, dado carona para ir para a faculdade e até emprestado dinheiro em momento de dificuldade. E fez isso para logo depois me pedir uma coisa constrangedora. Mais para mim do que para ele."

Creio não ter ainda mencionado, mas Raul "contido" é delegado de polícia. O tal amigo dos tempos antigos soube disso e lhe pedia para "dar um sumiço", foi a expressão que o sujeito usou, em inquérito aberto contra ele pela ex-mulher.

Talvez você pense que se posicionar contra solicitações desse tipo não seja tão difícil. Se para você não for, melhor. Para muita gente insegura, carente, influenciável e dependente, porém, certamente não é algo simples, por mais ultrajante que possa ser o pedido. Joana "inseguro" foi categórica:

"No esforço para agradar as pessoas e me sentir querida, não foram poucas as ocasiões em que disse "sim" mesmo com todas as fibras do meu corpo clamando para que eu recusasse o convite."

Depois dessa declaração, acho que já percebeu o quanto Joana é dramática. A regra da reciprocidade não é algo ruim em si. Até pelo contrário. Quando as partes envolvidas se querem bem, se respeitam mutuamente e a demanda é justa não costuma haver problemas.

Em tempo: Raul não fez o que sujeito lhe pedira, mas não conseguiu dizer para ele o sonoro "não" que gostaria de ter dito. Apenas se esquivou e dificultou contatos subsequentes.

> A meta é dizer "sim" porque se quer; não por alguma obrigação.

Confusão entre ajuda e divisão de tarefas

"Me dá uma ajudinha aqui?". Quem nunca escutou esse pedido que se manifeste! Alguém? Difícil. O silêncio certamente prevalecerá. Isso porque, praticamente, em todas as situações de interação social, seja em família, na escola, na faculdade ou no trabalho, ele é muito comum. E isso é problema? Em boa parte das vezes, não. Em algumas situações, entretanto, essa formulação aparentemente inocente embute uma armadilha. Isso porque, por mais paradoxal que possa parecer, há casos em que a negativa é a verdadeira ajuda que se pode oferecer. Explico.

Se for algo eventual, pontual, incidental, difícil justificar uma negativa. Se for alguém com dificuldade para abrir a porta do elevador porque está carregado, por exemplo, talvez nem se precisasse esperar que a pessoa pedisse ajuda. Provavelmente, ela seria dada de modo espontâneo. Shinsetsu, diria Clóvis de Barros Filho[5]. Mas e quando essa demanda é recorrente, quando repetidamente alguém solicita ajuda para fazer a mesma coisa?

Alguns exemplos? Tirar a mesa e lavar a louça da refeição, levar a roupa suja para a lavanderia, preencher um relatório, pedir uma refeição pelo aplicativo... E aí? Nessas horas, a coisa pode ficar mais delicada. Afinal, não custa nada dar essa ajudinha, não é? Nada? Será? E mais, ao atender à solicitação está de fato ajudando ou apenas contribuindo para que tudo continue como está; para que a situação se perpetue indefinidamente?

Pois é. Vale a pena uma análise distanciada do que está acontecendo. Por distanciamento quero dizer fora do contexto da interação, vista de outro ângulo e de outro momento, depois do ocorrido.

5 Professor e escritor, autor de vários livros, entre eles *Shinsetsu: o poder da gentileza* (2018), publicado pela Editora Planeta.

> Nem sempre dizer "sim" para uma solicitação é verdadeira ajuda. Às vezes, a atitude que auxilia é dizer "não".

Satisfação pessoal

Algumas vezes, dizemos "sim" porque nos proporciona contentamento ajudar. Também acontece de ajudarmos os outros na esperança de que, se e quando precisarmos de alguma coisa, haverá retribuição. Como se fizéssemos uma espécie de poupança de favores que poderemos resgatar quando precisarmos.

A ideia de que temos essa poupança à disposição é agradável. Pena que ela quase sempre seja ilusória. Nem sempre a reciprocidade acontece de fato. É preciso ser cuidadoso com a frequência com que se diz "sim" porque pode acontecer de o sentimento de satisfação se transformar em ansiedade, e até mesmo em desespero, à medida que tal atitude, repetida frequentemente, cria uma obrigação, um dever, uma regra.

"Ela gosta de ajudar! Pode ligar que tenho certeza de que ela ficará feliz em dar uma mão para você", conta Joana "inseguro", sobre como os conhecidos se referiam a ela. E complementa:

"No começo, fazia com prazer e me sentia feliz de poder dar uma mão. Se visse alguém estressado, pensava no que poderia fazer para ajudar, mas, depois de um tempo, me sentia uma boba, fazendo por todos, sendo que ninguém se preocupava comigo. O pior foi a surpresa, seguida da decepção, que tomou conta de mim quando pedi um favor e ninguém se dispôs."

Pessoas como a Joana são amaldiçoadas pela tendência em agradar os outros, pela ideia (fantasiosa) de que serão mais queridas se fizerem o que lhe pedem de (aparente) bom grado. Também faz parte desse perfil evitar conflito a todo custo, nem que seja engolindo um "não" atrás de outro. Não me entenda mal. O que chamei de maldição não é algo irreversível, tanto que a própria Joana mudou muito.

Outro motivo que se enquadra nessa categoria é o deleite – certamente transitório, mas parecendo infinito enquanto dura – que algumas pessoas sentem quando bajuladas. Essas simplesmente não resistem a um elogio, por mais falso e forçado que seja. Se soubessem como essa característica as deixa vulneráveis aos sedutores de plantão, ficariam mais atentas. Nem sempre um elogio é sincero. Fique esperto porque ele pode ser parte de estratégia para animá-lo a fazer o que o outro deseja. Quando conseguimos distinguir o elogio sincero do interesseiro temos algumas surpresas. Às vezes, é até difícil acreditar no que se torna visível quando adquirimos olhos para ver as coisas como elas são, sem os filtros autoenganadores que usávamos.

O preço de um elogio interesseiro pode ser alto.

Medo de machucar as pessoas

Há quem se sinta ofendido quando escuta um "não", que o tome como ofensa pessoal e reaja de acordo, com insatisfação visível nas feições e na linguagem corporal, despertando em nós o sentimento de culpa; a sensação de que fizemos algo errado. Tudo bem, mas afora o fundamento emocional, racionalmente essa reação se justifica? Vamos ver.

Em primeiro lugar, dizer "não" de modo assertivo e educado nada tem de ultrajante ou ofensivo. É um direito e, ouso dizer, um dever que temos que colocar em prática de vez em quando. Se a pessoa que nos solicita algo se sente ofendida nessa circunstância isso provavelmente se deve à interpretação de que "não" significa rejeição pessoal, algo que sempre é sentido como uma ferroada e, por essa razão, ela reage de acordo com sua percepção. É um problema dela. Isso precisa estar claro na nossa cabeça.

Na mesma linha de raciocínio, outra explicação para uma reação ruim em resposta ao seu posicionamento tem também a ver com despreparo de quem lhe fez a solicitação, que, pelo jeito, sequer aventou a possibilidade da sua recusa. Desde que se diga "não" de maneira respeitosa a alguém que lhe pede algo (criança, adulto, patrão, funcionário, pai, irmão, amigo etc.), não cabe se sentir responsável pela má reação dele ou dela. Ter consciência desse fato é libertador.

Se forçar a memória, muito provavelmente vai se lembrar de alguém que reagiu mal; se ofendeu quando escutou um "não" seu. Da próxima vez em que essa pessoa lhe pedir algo que não possa atender, observe o que acontece dentro de você. Detecta sentimento de culpa? Como se tivesse feito algo errado? Tolere essa sensação. É fato sabido que não podemos evitar a erupção das emoções, mas, uma vez detectadas, torna-se possível compreendê-las e manejar seus desdobramentos. Verifique se realmente há porque se sentir culpado. O sentimento de culpa pode ter sido incutido pelo outro, que se diz decepcionado ou até mesmo traído, embora essa interpretação nem sempre corresponda à realidade, especialmente quando a negativa é assertiva e bem fundamentada.

> Desde que sejamos honestos, sinceros, polidos e cuidadosos na negativa, não machucaremos o outro, a não ser que ele não esteja devidamente preparado para escutá-la, o que, nesse caso, não é de nossa responsabilidade.

Receio de desapontar, de não ser querido ou de parecer egoísta

Nessa categoria, encontra-se o mais forte fator "antinão": a maior parte das pessoas quer ser querida ou, de outro ângulo, teme ser rejeitada. Algumas a ponto de se violentarem, de irem contra seus princípios e valores para conseguir aprovação e algumas migalhas de afeto. O desabafo de Nilda "inseguro" é bem ilustrativo:

"Se eu disser 'não', a pessoa não vai gostar. Vou decepcioná-la, deixá-la na mão. Aí, ela não mais me considerará amiga e vai se afastar de mim."

Isso me foi dito por Nilda em uma das vezes que conversamos, entre lágrimas de choro convulsivo que dava uma ideia do sofrimento que experimentava. Pode até não parecer, mas, diferentemente da irmã, Sônia, Nilda é menos teatral e mais transparente. O mal-estar que sente pela sua dificuldade de falar "não" apesar dos esforços é comovente.

"Não sei explicar, é como se tivesse o rabo preso com todo mundo. Simplesmente não consigo dizer o que penso, especialmente se o que penso é diferente do que o outro pensa; se discordo dele. Sou dependente emocional, mesmo sofrendo violências, não consigo dar um basta. Estou sempre preocupada em agradar os outros!"

Se você não consegue perceber o sofrimento contido nessa fala — e, mais ainda, aquele que é intrínseco a esse modo de ser — talvez seja minha falha, por não tê-lo conseguido transmitir corretamente. Acredite, ele é enorme.

Pense por um instante. O que teme a pessoa que se preocupa demais em ser rechaçada? Que não a aceitem como ela é verdadeiramente; sua maneira de ser. Ou seja, o medo de ser rejeitada é consequência de como se vê, da autoimagem comprometida, da crença de que se a virem como ela é (ou acha que é) não gostarão dela. Não são poucas as pessoas que se moldam com o único propósito de serem benquistas e aprovadas pelos outros. Digo-lhe por experiência própria: viver agradando os demais é muito custoso, verdadeira missão impossível.

Se você não está bem consigo, não tem boa imagem de si, não valoriza suas virtudes, ou, pior, acha que nada tem de bom, tenderá a sempre achar que está incomodando, que vai causar má impressão, passar vergonha, fracassar, que não saberá como se comportar, não estará à altura do outro etc... E aí, bom, se não se preocupar em corrigir a distorção de como se vê — ninguém é só ruim — tenderá a agir de modo a disfarçar seus "defeitos" e a ser quem não é. Mais cedo ou mais tarde, se sentirá uma caricatura do que gostaria de ser. E, pior ainda, ficará preso a essa falsa imagem.

Quando esse tipo de preocupação entra em jogo, domina a cena mental, gera emoções perturbadoras e faz com que nos desconectemos de nossas verdadeiras necessidades; que as confundamos com as de outros por quem temos consideração (ou não, o que é até mais grave). A dura verdade é que tão ou mais importante do que ser querido pelos outros é estar bem consigo, levar em conta o que é bom para si, preocupar-se com seu bem-estar em primeiro lugar e não com o que as pessoas irão pensar.

Para complicar, muitas vezes acreditamos que atender à solicitação é o que queremos fazer, voluntariamente, sem perceber que as preocupações a que me referi acima regem nossa atitude, de maneira quase automática. Colocado de outra maneira, na tentativa de tornar mais clara essa dinâmica, o que ocorre é que a necessidade de dizer "sim" não tem a ver com o desejo de ajudar ou de ser útil, mas sim com o medo de perder algo importante (amor, apreço, reconhecimento, status, imagem). Compreendeu? Não seria essa uma maneira de autoengano e autotraição?

Se você for como eu, não gosta de desapontar as pessoas. Já sofri muito com isso.

Quantos "não" deixei de dizer, às vezes pagando preço alto por não o ter feito. Quantos mais disse e voltei atrás. Agora nem tanto. Mas entenda bem, não é que eu não me sinta mais incomodado nessas situações, com uma pontada de dúvida ou de culpa. Não. O que acontece é que hoje tolero melhor essa sensação, aprendi a lidar com ela. Procuro não me precipitar, não responder de pronto, nem dizer nada sem antes considerar o problema como um todo, em sua perspectiva mais ampla.

O desapontamento nasce de expectativas não atingidas. Seria natural, então, que ao escutar um "não", a pessoa que lhe fez uma solicitação ficasse desapontada. Agora pense bem. De novo: o desapontamento de quem lhe pediu alguma coisa e escutou "não" é de sua responsabilidade ou tal pessoa é que não estava adequadamente preparada, com expectativas não realistas sobre sua disponibilidade? A não ser que você lhe tenha prometido algo, dado falsas esperanças, não tem porque se sentir culpado pela decepção do outro.

A maioria de nós se preocupa com o que os outros pensam a nosso respeito. Não todo mundo, lógico, mas de modo geral creio ser razoável afirmar que gostamos de ser vistos como gentis, atenciosos e simpáticos, pelo menos pelas pessoas que queremos bem. Sendo assim, quando alguma delas pede ajuda para algo ou um favor, instintivamente tendemos a dizer "sim". Afinal, não queremos ser tidos como egoístas, como alguém que só pensa em si próprio, não é mesmo? Lógico que não, mas e aí? Como ficamos? A dura realidade é que temos — se você for como eu — que gerenciar nosso tempo para dar conta de nossos deveres e das diversas demandas que a vida nos faz e dos compromissos que assumimos.

O tempo que temos é limitado e, em geral, já está preenchido. Tendo essa realidade em mente fica mais fácil entender que a cada "sim" que dizemos para alguém estamos dizendo "não" para outro alguém ou para nós mesmos. No sentido inverso, ao dizer "não" preservamos o plano original de como iríamos aproveitar o tempo, algo que pode até ser revisto, mas com consciência e não de modo automático porque colocamos o interesse do outro à frente dos nossos.

Cuidar de si, colocar-se em primeiro lugar, não é ser egoísta. É algo necessário para a autopreservação. O egoísta é aquele que só pensa em si, os outros que se danem. Pensar primeiro em si é muito diferente de ser egoísta. Por isso afirmo que dizer "não" nem sempre tem a ver com agir egoisticamente. Se você sempre diz "sim" para os outros, preocupando-se em não os desapontar, querendo manter a boa impressão que eles têm de você, colocando as necessidades deles antes das suas, o resultado será que não terá tempo nem energia para cuidar de si. E isso não dá certo. Você se cansará, ficará irritado e com sensação crescente de que estão abusando da sua boa vontade, sendo que isso ocorre exatamente porque não está fazendo com que seus limites sejam respeitados.

Mas será que algumas pessoas acharão que você é egoísta porque lhes disse "não"? Claro que sim. Mas sobre isso, sobre a reação das outras pessoas, o que elas vão pensar de você e como interpretarão sua negativa, não há como ter controle. O importante é ter claro para si que você não é responsável pela reação emocional delas pelo simples fato de dizer "não" e que a coisa mais sensata que pode fazer é cuidar de si antes de se meter a resolver os problemas dos outros. Uma vez que tudo esteja sob controle e bem equacionado com sua vida e seus compromissos, naturalmente, mesmo que continue pensando primeiro em si, terá mais disponibilidade.

> O desapontamento de quem lhe pediu alguma coisa e escutou "não" não é de sua responsabilidade.

Relutância em desafiar alguém hierarquicamente superior

Embora não restrita ao ambiente de trabalho, não se sentir capaz de dizer "não" para alguém hierarquicamente superior é mais prevalente nesses locais. Chefes sobrecarregados tendem a delegar mais e mais tarefas aos funcionários, podendo chegar a um volume abusivo ou a solicitações despropositadas.

"Comigo não. Nem vem que não tem, companheiro! Não levo desaforo para casa", disse, abruptamente, Roberto "agressivo", quando lhe sugeri que poderia contornar um impasse que se criara entre ele e seu superior imediato no departamento em que trabalhava. Reparou no tempo verbal? Trabalhava. Devido à sua postura hostil e até insolente, quando seu chefe lhe pediu um relatório mais detalhado, Roberto perdeu o emprego.

De vez em quando, essa mesma dificuldade para contrariar alguém hierarquicamente superior ocorre em interações com pessoas significantes nas nossas vidas, tidas como "figuras de autoridade" para nós. Quer seja pela idade, quer seja pela posição que exercem no núcleo familiar ou pelo papel que desempenham no entorno (provedores, conselheiros, padrinhos, amigos próximos mais experientes em determinado assunto, por exemplo), tais pessoas ganham destaque e, por isso, pode ser difícil contra-argumentar com elas ou, mais ainda, lhes dizer "não" quando fazem um pedido.

Outra situação em que eventualmente aparece esse degrau é na interação com autoridades de fato. Nesse quesito, existem as que o são por circunstância (o gerente de sua conta que lhe pede para fazer um seguro, o funcionário da imobiliária responsável pelo aluguel do seu imóvel que lhe solicita que pague uma taxa qualquer ou o advogado que contratou para defendê-lo e que solicita pagamento adiantado, por exemplo); as autoridades constituídas (pessoas que fazem parte do legislativo, do executivo e do judiciário); e aquelas pessoas que abusam do pequeno poder que lhes foi delegado e que lhes sobe à cabeça (fiscais, funcionários de baixo escalão que estão substituindo o chefe e outros mais). Por conta dessa posição, pode ser mais difícil dizer "não" para elas. Difícil, mas não impossível. Nessa situação, junte forças e, de cabeça erguida e com a convicção de quem está seguro de que o que lhe pedem vai contra seus princípios ou não procede, no mínimo peça um tempo para pensar antes de dizer "sim". Já é um bom começo.

Foi essa a estratégia utilizada por Paulo "inseguro-safo" quando o inspetor de alunos, o sujeito que controlava a entrada dos alunos na escola e sua presença na sala de aula, disse que só botaria presença para ele se, em troca, ele lhe pagasse um salgado. O que Paulo fez?

"Simples", ele explica, "disse que eu não tinha dinheiro e, sem esticar a conversa, fui entrando. Nos dias seguintes, me fingi de morto e não dava trela para ele quando vinha conversar comigo."

Esse "não" implícito, escorregadio, poderia não ter funcionado, mas aqui resolveu o impasse. Ai de quem cede à chantagem. Ficará refém por tempo indeterminado. Melhor cortar o mal pela raiz, do jeito que puder.

> Você tem o direito de dizer "não" a qualquer autoridade se ela lhe fizer solicitação inoportuna e irrazoável.

Baixa autoestima

Algumas pessoas frequentemente se colocam em um patamar abaixo dos outros. Às vezes até dois ou três patamares inferiores. Priorizam as necessidades dos outros ao invés de colocar as suas em primeiro lugar, julgando que elas (as necessidades dos outros) são muito mais relevantes do que qualquer uma sua. Sentem que seu tempo, seus interesses, suas opiniões e seus objetivos não importam tanto. Essas têm claramente um problema de baixa autoestima; sofrem com a falta de confiança em si.

Alfred Adler, psiquiatra austríaco contemporâneo de Sigmund Freud e Carl Jung, na sua "psicologia individual", cunhou o termo "complexo de inferioridade", ao mesmo tempo causa e consequência de sentimento de baixa autoestima. Explico:

Para Adler, o complexo de inferioridade se origina a partir de sentimentos crônicos e persistentes de desamparo, insegurança, inadequação, insuficiência e insignificância, frequentemente decorrentes de experiências de tolhimento físico, social ou intelectual por outras pessoas no decorrer da infância e da adolescência. O complexo de inferioridade frequentemente está na raiz da baixa autoestima. Além de nutri-la, comumente depois da autoestima já bem comprometida, ambos comumente andam juntos a se reforçarem reciprocamente.

Pessoas com baixa autoestima acreditam não ser tão competentes como as demais, julgam-se menos capazes de serem bem-sucedidas nos vários setores da vida e, desse modo, consideram-se menos valorosas. O complexo de inferioridade faz a sua parte à medida que é ele que está por trás da autocrítica exagerada e da pequena confiança em si, que, por sua vez, afetam negativamente o amor próprio e a imagem que a pessoa tem de suas potencialidades. Adler descreve também os mecanismos de compensação desse complexo, que podem até dar bons resultados, quando saudáveis[6]. Que fique claro que quem tem complexo de inferioridade e baixa autoestima não está condenado a viver assim, mas isso seria tema de outro livro. De todo modo, não há dúvidas de que dizer "não" com segurança e assertividade faz parte do processo de superação desse obstáculo.

É muito importante reconhecer seu valor. É o que faz com que você fique em pé de igualdade com as outras pessoas. Nem melhor, nem pior, apenas também tendo o seu valor, reconhecendo-o e o respeitando. Só assim os outros vão fazê-lo também.

> Não se considere melhor que ninguém, mas, muito menos, pior. Todos temos nosso valor

6 Alfred Adler. The practice and theory of individual psychology. Martino Publishing, 2011.

Excesso de zelo

O cuidado e a consideração excessivos — muitas vezes motivados pela afeição à pessoa que faz a solicitação —, sem dúvida, dificultam a recusa ao que lhe é pedido. Isso é perfeitamente compreensível. Não que eu queira pura e simplesmente destruir a visão romântica das coisas (na qual as pessoas que nos são caras serão também compreensivas, respeitosas e solidárias), mas, no mundo, real acontece com frequência de os membros dessa categoria abusarem de você. Ou seja, exatamente por saber que se preocupa com ela, lhe quer bem, zela pelo bem-estar dela, é que uma tal pessoa pode pedir coisas para você sem maiores preocupações.

Até aí tudo bem, está no direito dela. Mas pode também, por ser quem é, não lidar bem com a negativa à solicitação dela. Aí as coisas começam a ficar confusas. Provavelmente, para ela, caso você lhe diga "não" e ela reaja mal, os limites entre o que é Ok e o que não é Ok estão borrados e necessitarão ser relembrados e mais bem demarcados por você.

> Mesmo para pessoas benquistas algumas vezes é necessário dizer "não".

Medo de perder oportunidades

O medo de ficar de fora de um evento, principalmente entre os jovens, de perder uma oportunidade ou de deixar passar algo é uma razão comum para não dizer "não". Em inglês, esse fenômeno recebeu até um acrônimo: *FOMO* (*Fear of Missing Out*). Nesses casos, receia-se que declinar um convite ou recusar uma solicitação, por exemplo, possa ser prejudicial no futuro, ou por conta de retaliação ou porque no momento da decisão a percepção é de que o evento ou acontecimento seja oportunidade única e imperdível.

O imediatismo, a necessidade de gratificação no mais curto tempo possível de um desejo ou aspiração, por um lado, e a baixa tolerância à frustração, por outro, relacionam-se diretamente com essa dificuldade de dizer "não". Isso porque ambos habitam um ambiente emocional em que resistir a impulsos, retardar recompensas ou lidar com perdas é quase insuportável. Pessoas imediatistas priorizam gratificação instantânea de suas necessidades, em geral idealizadas. Por essa razão, tendem a dizer "sim" a convites ou pedidos para evitar o desconforto de um conflito em potencial ou pela satisfação de ver a alegria de quem fez a solicitação.

A baixa tolerância a frustrações leva ao mesmo desvio de comportamento – dizer "sim" quando o melhor seria "não" – por outro caminho. O "não" para pessoas com essa característica implica desapontamento pela perda de algo ou em sofrimento antecipado pela necessidade de confronto com quem fez a solicitação. Por isso, o "sim" é muito mais fácil de ser dito, pois evita o desconforto emocional que acompanha o "não", mesmo que a anuência seja posicionamento contrário ao que a pessoa desejava.

"Depois a gente dá um jeito... É o que mais escuto dos amigos que têm esse perfil e não conseguem agir de acordo com o que gostariam de verdade, disse Guto 'assertivo'."

Tanto o imediatismo quanto a baixa tolerância à frustração facilitam a que se opte pelas soluções mais rápidas e que as distanciam do mal-estar de um impasse, mas ao custo de incursões pelo halo, sempre perigosas. O foco na evitação de desconforto imediato acaba levando a desconforto tardio e duradouro, que mina o bem-estar.

É muito comum que um "não" dito por alguém com esses pontos fracos se transforme em "sim" se a outra parte fizer uma pressão. Partindo da premissa de que não há ganho sem perda, ao não dizer "não" com o intuito de evitar o prejuízo, priva-se também do avanço.

> O desconforto causado pelo "não" dito agora é o preço que, às vezes, paga-se pela tranquilidade no futuro.

Falta de assertividade

Assertividade é a capacidade de expressar seus pensamentos, sentimentos e necessidades de maneira franca, honesta, respeitosa, quando quiser ou achar necessário, levando em conta os direitos e sentimentos do seu interlocutor. Em outras palavras, é o que permite que você defenda seus limites sem agressividade, mesmo que passiva, privilegiando sempre a comunicação clara e direta.

Os estudiosos do assunto são unânimes em dizer que os componentes da assertividade são a consciência dos próprios sentimentos, necessidades e limites, a autoconfiança, a boa comunicação, o respeito às crenças e limites do outro e a responsabilidade.

"Tudo o que me falta", murmurou Joana "inseguro".

Como pretendo mostrar e demonstrar neste livro, verbalizar um "não" com assertividade requer um mínimo de autoconfiança e não só isso, mas também o domínio dessa habilidade. As pessoas sem assertividade têm e continuarão a ter dificuldade para demarcar e sustentar limites, já que são deficientes na capacidade de dizer "não" de modo claro e firme. A boa notícia é que assertividade se adquire ou se aprimora com dedicação e prática. Leva tempo, mas vale a pena o que se desdobra em ganhos em termos de comunicação mais saudável e relacionamentos mais promissores e respeitosos.

Expectativa de que o outro entenda sem que se precise dizer

Muita gente prefere insinuar o que pensa e observar se o outro capta a mensagem com a ilusão de que ele entenda sua posição, decodifique o que você deseja e lhe facilite as coisas você. A dura verdade é que, se sua intenção é colocar limites, verbalizar "não" abertamente, em voz alta e clara, sem receio de ser ouvido, é o único modo de evitar mal-entendidos. Seja os que às vezes ocorrem por falha de comunicação ou os "forçados", quando o outro se faz de desentendido e insiste para que você diga "sim" à solicitação dele. Se isso já aconteceu com você, bem-vindo ao clube! Quer saber como fazer para que não ocorra uma próxima vez? Marcos "assertivo" pediu para que eu inserisse aqui as sugestões dele caso se veja nessa situação. Concordei. A argumentação dele foi boa: antes de ganhar esse sobrenome, penou. E, sendo assim, vou lhe dar uma palhinha do que o espera nos capítulos 11 e 12. Marcos com a palavra:

"Ao se dar conta de que a coisa não está funcionando, de que terá que falar claramente, pois seu interlocutor não está entendendo (ou não quer entender) suas esquivas, será necessária mudança de estratégia. Faça o seguinte: primeiro, antes de qualquer outra coisa, respire fundo uma ou duas vezes. Parece bobeira, mas vai lhe dar confiança e permitir que se calibre. Em seguida, mude o tom de voz (para mais grave e mais baixo), pare de dar volteios e seja mais direto, afirmando que sua decisão ('não') está tomada e não adianta insistir (e nem ameaçar) e, quando muito, sugira alguma alternativa para a pessoa.

> Há situações em que não há alternativa: o "não" tem que ser verbalizado clara e firmemente.

"Ler" o outro incorretamente

Ser capaz de "ler" alguém é compreender e interpretar suas respostas emocionais, seus pensamentos, suas intenções e mesmo seu jeito de ser com base em sinais sutis tais como postura, atitude, expressões faciais, contato visual, tom de voz e gestual. É a capacidade de perceber o estado interno de outra pessoa mesmo que ela não diga.

"Nossa! Nesse quesito sou analfabeto...", comentou Pedro "perfeccionista", quando conversávamos sobre essa habilidade, suas vantagens e desvantagens. Pedi para ele falar um pouco mais.

"Sou muito autocentrado; fico o tempo todo me observando e me avaliando. Fiquei bom nisso, mas não aprendi a avaliar as respostas emocionais dos outros. Além disso, como sou meio exigente e rígido, não sirvo de parâmetro para ler o outro com base no que percebo nele. Aliás, seria bom dar alguns exemplos de significado de algumas atitudes ou gestos no livro. Pensou em fazer isso?"

Na verdade, não havia pensado. Mesmo porque há livros sobre o tema, mas pensei que, talvez, você pudesse ter essa mesma curiosidade. Só mesmo para satisfazê-la, aqui vão algumas observações que poderão ser úteis: braços cruzados indicam postura defensiva, enquanto curvar-se para a frente sugere interesse e engajamento; evitar contato visual geralmente é sinal de nervosismo, constrangimento ou de algum logro ao passo que sustentá-lo sugere honestidade ou conexão; tom de voz estável e sereno indica confiança, enquanto a voz em timbre mais agudo e tremida revela tensão e nervosismo; expressar as ideias de modo evasivo ou com hesitação sugere insegurança; e inconsistências entre o que se fala e a linguagem corporal denotam ambivalência, desconforto e insegurança.

Há quem leia as pessoas muito bem e há os que fazem com menos acurácia, mas é uma competência que pode ser aprimorada pela observação do comportamento com foco nestes tópicos que acabei de mencionar. Evidentemente, essa habilidade é bastante útil, pois, se a leitura estiver correta, permitirá maior desenvoltura na abordagem do outro e na conversa que se seguirá. Dois fatores interferem na habilidade de ler as pessoas: a sagacidade do leitor e o grau de opacidade do seu interlocutor. Existem pessoas que são enigmáticas, pouco revelam de si no comportamento e na interação pessoal.

O balanço entre esses dois fatores determina o grau de precisão da leitura. Se ela for baixa, o risco de se dar mal no posicionamento e sustentação de um "não" é grande. Minha sugestão: ao invés de tentar decifrar o outro, preocupe-se em identificar o que se passa consigo quando alguém lhe faz uma solicitação:

1. O que acha do pedido? (e não o que acha que outro achará de sua resposta).

2. O quanto atendê-lo vai exigir mudança de seus planos? (e não o que o outro pensará disso).

3. O que você vai ganhar com isso? (e não o que ele diz que você ganharia).

4. Qual o seu nível de animação quando pensa em fazer o que se lhe pedem? (e não qual o do seu interlocutor).

5. O que emoção identifica em si quando pensa em dizer "sim"? Essa última merece desenvolvimento mais detalhado. Isso porque sua resposta emocional deve ser compreendida em seus dois níveis: o das primeiras e o das que surgem em resposta à argumentação do seu interlocutor. Originalmente, você poderia sentir apenas surpresa ou enfado, mas, por causa da insistência e dos argumentos utilizados, podem surgir dó, culpa, raiva e um incômodo maior que, sem dúvida, pesarão na sua decisão e na sua reação posterior a ela.

> Compreender o que se passa consigo é mais importante do que se preocupar em entender/ler o outro quando se trata de dizer "não".

Culpa

Essa não poderia faltar. Em *A grande obra* (2016), abordei esse sentimento sofrido em suas diversas facetas e expliquei o quanto é importante redimensioná-lo para que não domine a vida mental nem distorça a percepção da realidade (interna e externa) de modo que a pessoa julgue que precisa compensar quem acha que prejudicou e, pior, que mereça castigo, muitas vezes autoimposto.

Dizer "não" não faz de você má pessoa. Não mesmo. Mas já notou como bate um sentimento de culpa quando precisamos dizê-lo? O sofrimento começa antes mesmo do "não" ser verbalizado, acompanhando o pensamento de que terá que ser feito. Em geral, principalmente em quem não domina a habilidade de dizer "não" bem fundamentado, de modo assertivo, direto e claro, *pero sin perder la ternura*[7], depois de fazê-lo a culpa cresce e se torna ponto fraco onde o solicitante poderá atingi-lo (com palavras, caras, bocas, gestos e muito mais), forçando que volte atrás.

Se leu "A grande obra" já sabe que não temos controle sobre nossas emoções, principalmente as básicas – raiva, medo, tristeza, alegria, nojo e surpresa. Elas surgem em resposta a estímulos internos ou externos e interferem na cognição e no comportamento.

Seu valor adaptativo é inquestionável. A culpa, por sua vez, é uma emoção complexa, da mesma categoria da inveja, do ciúme e do orgulho,

7 Referência à frase nunca dita por Che Guevara: "Hay que endurecerse, pero sin perder la ternura jamás", mas a ele atribuída como parte da estratégia de construção do mito do revolucionário romântico.

por exemplo. O seu surgimento ao dizer 'não' é quase automático, independentemente da reação de quem solicita — embora, claro, ela possa reforçá-lo. Isso ocorre porque a culpa tem sido, por séculos, a emoção mais cultivada e explorada em nossa cultura.

A relação entre dizer "não" e sentir-se culpado nasce conosco se você, como eu, fez parte de grupos nos diferentes momentos do seu desenvolvimento - em família, na escola (desde o maternal até a faculdade) e no trabalho.

Na primeira infância, dizer "não" não costuma ser um problema. Nos primeiros três anos de vida, o ser humano em formação não liga muito para os sentimentos dos outros nem está preocupado com códigos de boas maneiras. Depois dela, fica mais clara a percepção de que os outros, principalmente os que importam para nós, não gostam de escutar "não" e muitos fazem questão de deixar isso bem claro. Quando acontece costuma ser bem marcante.

Por isso, progressivamente aumenta a hesitação para dizer "não" e, em relação direta, a frequência com que se diz "sim" para evitar essas situações. Essa tendência — não dizer "não" para evitar a culpa por ter agido com "egoísmo, mesquinhez, má vontade para ajudar e falta de consideração" — consolida-se à medida que se avança na vida acadêmica e profissional. Entendeu por que a maioria de nós chega à idade adulta com dificuldade para dizer "não" e se sentindo culpado quando o faz? Ficou também claro que muitas vezes dizemos "sim" (ou não dizemos o desejado "não") para não ter que lidar com o sentimento de culpa que isso provocaria em nós?

Quando nos colocamos no lugar do outro e imaginamos seu sofrimento por nossas ações, a culpa pode nos impedir de dizer "não", mesmo quando seria o mais correto, apenas para evitar esse sentimento; para não ter que lidar com o sofrimento que isso nos causaria, e não, necessariamente, para poupar o outro.

> Desbaste o sentimento de culpa, redimensione-o para dizer "não" com mais naturalidade e, mais importante, para sustentá-lo.

Como você, leitor atento, deve ter percebido, algumas das razões para a dificuldade de dizer "não" se superpõem. Nem poderia ser diferente, já que, quando se pretende ser didático e detalhado em uma análise, destrincha-se o todo em partes cujos limites nem sempre são claros. Assim sendo, acontece de se identificar em uma das partes componentes de outras, contíguas a ela. De todo modo, acredito ser melhor pecar pelo excesso de detalhamento, que permite visão mais precisa das coisas, do que por visão geral, sem atenção para com pontos críticos, que são justamente os que poderão nos servir de referência.

TROPEÇOS E CONSEQUÊNCIAS

PARTE 02

CAPÍTULO 4

ESTRATAGEMAS DUVIDOSOS PARA NÃO TER DE DIZER "NÃO"

Não são poucos os ardis de que nos valemos para evitar dizer "não". Com o uso recorrente, é possível desenvolvê-los ao nível de maestria e continuar com a limitação (dificuldade para dizer "não"), mas agora mascarada/escondida/blindada. Trocando em miúdos, fazemos exatamente o contrário do que seria o desejado.

RESPONDER COM AGRESSIVIDADE

"Comigo a pessoa não tem vez! Falo 'não' na cara. Se ela não gostar, problema dela", explica Roberto "agressivo". Da mesma maneira, há aqueles que se vangloriam de dizer tudo "na lata", de não ter "papas na língua". Se têm público para apoiá-los, então, é a glória. Como veremos adiante, essa capacidade tem valor quando é uma das opções de que dispomos para manejar uma situação. Se for a única, certamente não funcionará sempre. Já escutou que para quem só tem martelo tudo é prego? Pois é. O martelo é muito útil, mas não se tira porca de parafuso com ele. A ideia é que tenhamos caixa de ferramentas diversificada, pelo menos com as básicas para cada impasse do ofício de se viver em sociedade.

A agressividade de uma resposta não necessariamente precisa ser hostil para ser contundente. Ela pode ser expressa de modo sutil. Essa, aliás, é a especialidade de Maria passivo-agressivo. Com a palavra, a discreta especialista:

"Assisti a um vídeo do Porta dos Fundos[8] em que me vi em uma relação. O nome dele, inclusive, é Passivo-agressivo. Nele, a personagem da Clarice[9] interage com o namorado, interpretado pelo João Vicente[10], do jeitinho que eu costumava fazer. Tudo bem, é caricatural, mas me vi lá. E fiquei bem sem graça.

"Quando estou contrariada com algo ou alguém, sou irônica e dou a entender pelo sarcasmo das minhas respostas que não estou gostando do que me pedem ou das explicações que me dão. E quando me perguntam se estou incomodada, digo que não e ainda exclamo, na maior falsidade: 'Imagina! Tá tudo certo'.

O que mais? Ah, quando faço o que me pedem é de má vontade, me atraso, faço malfeito, às vezes sou cínica. Era. Sou ainda, mas nem tanto, estou mais consciente de que isso não é legal. Ah, dou muito ghosting também. Não conhece a expressão? É sumir sem dar explicações. Estou de papo com um carinha no aplicativo de relacionamento e simplesmente deixo de responder, sumo das redes sociais dele e o deixo no vácuo."

Inventar desculpas e mentir

João "safo", de um jeito. A ex-esposa dele (Nilda "inseguro") e a ex-cunhada (Joana "inseguro"), de outro. E Sônia "contido", de mais outro. Cada uma, à sua maneira, é hábil em inventar desculpas. Enrolar, ficar rodeando sem dar uma resposta definitiva é característico de

8 Produtora de vídeos de comédia cujo canal do YouTube é um dos maiores do Brasil.

9 Clarice Franco de Abreu Falcão (1989-), atriz, cantora, compositora, humorista e roteirista.

10 João Vicente de Castro (1983-), ator, apresentador, comediante e publicitário.

pessoas inseguras, que não têm confiança em si mesmas. Além disso, inventar desculpas, algumas bem esfarrapadas, mentir na cara dura, é um recurso bastante utilizado por pessoas lisas, ensaboadas, e pelos que não são assertivos.

Lógico que todos nós, em algum momento, valemo-nos de evasivas, tergiversamos, para ganhar tempo quando não estamos ainda seguros de como expressar nossa posição para amortizar uma negativa ou para não ferir os sentimentos de outras pessoas. Uma coisa é dispor dessa estratégia de vez em quando, outra é recorrer a ela sistematicamente.

Peço para me darem um exemplo de desculpa inventada que não fosse mentira, partindo do princípio de que esse ponto pudesse ser levantado por algum leitor mais atento e minucioso. Sônia "contido" com a palavra:

"Se me pedem algo, digo que não sei se vai dar tempo, pois tenho meus próprios afazeres. Falo que, se der, até posso atender ao pedido, mas é melhor não contar comigo. Aí, mesmo que termine minhas tarefas a tempo, dou uma de 'joão-sem-braço' e não apareço. Não foi mentira, tinha mesmo coisas para fazer, apenas não me dispus a agilizar meu ritmo para fazê-las mais rápido, para me liberar e ficar disponível para atender à solicitação". E emenda:

"Mentir, para mim, é inventar desculpa que não existe."

Concordo com ela. Apesar de aparentadas, mentir e inventar desculpas estão em níveis distintos. No meu entender, mentir é mais grave. João "safo" concorda. Mesmo assim, admite descaradamente ser mentiroso.

"E minto bem, porque imagino tão bem a história que crio que ela acaba ficando verdadeira para mim."

"Ô João, me diga uma coisa: então, quando você disse que não podia me ajudar na mudança porque seu filho estava no hospital era mentira?", interveio Roberto "agressivo".

"Foi mal, Beto, mas sim. A mentira, para mim, é uma saída rápida, uma maneira de me safar do que me pediram sem o esforço de ter que ficar me explicando. O problema é que, às vezes, acontece de eu não lembrar do que inventei. Aí sou pego quando menos espero."

Nilda "inseguro" assume que é muito comum inventar desculpas, e que nem sempre dá certo, principalmente se a outra pessoa é insistente e se dispõe a contornar as desculpas que ela inventa:

"Até porque já aconteceu de me enrolar com as desculpas que inventei e me contradizer. Aí é como dizem: fica pior a emenda do que o soneto; o que já estava ruim descamba de vez."

Peço para ela relatar uma passagem recente em que isso havia acontecido.

"Ah, tem uma que é bem boa. É uma questão que ainda não consegui resolver.

Todo mês de julho acontece. Os filhos de minha prima entram de férias, e ela se organizava para vir com eles para cá (a cidade onde Nilda mora) contando ficar em casa. Dessa vez, bem como nas duas anteriores, eu não queria. Preferia que ela ficasse em um hotel. E aí inventei mil desculpas: que no dia em que ela queria vir não teria ninguém em casa, que estávamos com problema de abastecimento de água, que o João (marido) estava se recuperando de dengue, que o Paulo (filho) estava vendo se receberia amigos da faculdade naquela mesma época e até que ela não deveria vir porque a previsão era de mau tempo.

Ela neutralizava rapidamente cada uma das minhas desculpas: 'não tem problema, a gente espera vocês chegarem'; 'chegando aí, a gente chama um caminhão pipa'; 'então, o pior já passou, poderei até ajudar você enquanto ele se recupera'; 'a gente se ajeita em qualquer lugar, é só para dormir mesmo'; e 'o quê? E daí?'. Foi quando me toquei que teria mesmo era que dizer 'não', mas não foi dessa vez que consegui."

Ficar em silêncio

Há muitas situações em que o silêncio, a falta de resposta, é percebido como um "sim". Você já deve ter ouvido falar que "quem cala, consente". Ficar calado, impassível, como se o negócio não fosse consigo, permite que aquele que lhe pediu algo entenda o que bem lhe interessa. É lógico que vai interpretar o que for mais conveniente para ele.

"Essa é a pior de todas! Não funciona, Sonia 'contido'", falou. E deu depoimento interessante, que até me permitiu enxergar ângulos dessa estratégia que não havia percebido ainda.

"Nem sempre o silêncio é uma técnica, no sentido de ser utilizado conscientemente para evitar ter que dizer "não". Pelo menos comigo, e percebo que acontece com certa frequência, é o resultado de um bloqueio mental. Em algumas situações, quando me sinto pressionada, minha cabeça fica bugada, me dá um branco e simplesmente não sai nada.

Nem 'não', nem 'sim', nem 'talvez'. Simplesmente perco a fala. E como isso já me fez mal. E faz mal."

Nesse momento, chorou copiosamente, expressando a dor e desafogando o sofrimento que experimentava.

Diluir o "não"

Uso essa expressão para descrever a estratégia, nem sempre consciente, de colocar o "não", a negativa a uma solicitação qualquer, em meio a uma enxurrada de frases e palavras, às vezes até não relacionadas com a questão em pauta. Passo a palavra para Joana "inseguro", usuária regular desse subterfúgio:

"Demorou, mas entendi, apesar de ainda às vezes me atrapalhar. Aí, quando me dou conta, já estou fazendo de novo. Não é por mal, é que é mesmo difícil, para mim, dizer 'não', e aí me enrolo toda, confundo quem está falando comigo e, depois de muito falar, pouco disse e muito menos deixei clara minha posição, que, para ser muito sincera, nem sempre está clara para mim mesma. Penso no que gostaria de dizer, em qual seria a reação da pessoa se eu dissesse 'não', em como poderia fundamentar minha negativa caso ela insistisse e em muitas coisas mais enquanto falo e perco o fio da meada. Nem sempre funciona. Falo, falo, falo e acabo cedendo ou eu mesma me confundindo. Depois de um tempo, nem sei mais qual era minha intenção original."

Percebeu? É sinal de insegurança a incontinência verbal, principalmente quando a fala é confusa e rocambolesca. O pior é que quem se vale desse recurso raramente passa despercebido. Isso, e mais o jeitão da pessoa, tornam-na presa fácil para os oportunistas e folgados de plantão. E o que eles fazem? Não muito. Deixam-na falar e quando o repertório se esgota, insistem na solicitação que havia sido feita.

Vamos de novo? Dessa vez, vou transcrever a resposta que Joana "inseguro" deu quando um amigo perguntou se ela poderia comprar um remédio para ele na farmácia, já que estava indo ao supermercado. Um dado a mais: o tal remédio era caro. Ela sabia. Ele também. Ele não deu o dinheiro e era famoso pela avareza. Ou seja, em bom português, se ela dissesse "sim", ficaria no prejuízo. Entendeu o contexto? Então vamos lá:

"Remédio? Que remédio? Não sei, sabe? Vou estar na correria, vou ter que comprar uma quantidade enorme de mantimentos no supermercado. E de material de limpeza também. Vai encher o carrinho, ah vai. É a compra do mês. Olha o tamanho dessa lista! Vai desde frutas e legumes, que ficam de um lado da loja, até congelados, que ficam do outro lado. Já estou até vendo... Nesse horário, o supermercado está muito cheio sempre. Talvez nem pare lá, dependendo de como estiver. Aí irei para o outro, aquele que fica no bairro tal, sabe qual é? E lá acho que nem tem farmácia perto. Não tem mesmo. A que tinha fechou, ficou sabendo? Faz uns seis meses..."

Ao que o amigo retrucou:

"Não sabia. Então, pode me fazer esse favor? Passar em uma farmácia no caminho?"

Notou onde estava o "não"? Pois é, lá no começo do discurso e, mesmo assim, disfarçado de "não sei". Você há de convir, caro leitor, que seria muito mais fácil dizer "sim", desde que o amigo desse o dinheiro. Caso contrário, lamentar e dizer que não seria possível fazer o que ele lhe pedia.

Terceirizar o "não"

Certamente você já ouviu falar de serviços terceirizados. Não? É a contratação de uma empresa para realizar serviços específicos dentro do processo produtivo de outra empresa, a contratante. É o que acontece quando uma loja, uma escola, uma fábrica ou um hospital contrata uma empresa de limpeza para se responsabilizar pela faxina. Nesse caso, os profissionais que realizam o serviço são pagos pela empresa contratada, que recebe do contratante. Ou seja, esse serviço é feito por terceiros. Isso pode ser feito com limpeza, alimentação, manutenção geral, segurança e até para dizer "não". Ao invés de a pessoa dizer "não" ela delega essa função para outra pessoa, um terceiro na interação a dois que existia até surgir o impasse.

"Nessa, eu sou craque!"

Imagina quem seja? Maria "passivo-agressivo".

"Já que tenho pouco poder de mando, que ainda sou dependente dos meus pais — 'café pequeno', como meus amigos dizem —, terceirizo o 'não'. Em vez de eu me posicionar, digo que preciso ver com meu pai ou minha mãe. Evito mencionar 'meus pais' para manter a possibilidade de duas respostas diferentes. Como assim, não entendeu? Em que mundo vive? Tá bom, vou desenhar pra você: primeiro digo que meu pai (ou minha mãe) concordou. Aí, a coisa avança. Se eu não gostar de como o programa está se definindo, digo que, infelizmente, minha mãe (ou meu pai) ficou puto com alguma coisa e me proibiu de ir. E tem coisa que meus pais nem ficam sabendo. Eu os envolvo para eu não ter de dizer 'não'. Ah, 'sim' é bem mais fácil. Não preciso dessa artimanha para concordar com algo."

"Eu faço isso também, mas de outro modo". Agora, quem dá seu depoimento é Joana "inseguro"

"Não poucas vezes, em vez de responder 'não' a um convite ou a um pedido, digo para a pessoa que eu até gostaria de fazer o que foi sugerido, mas que não posso responder porque dependo da programação do meu marido (Roberto 'agressivo'). Depois digo que realmente, como pensava, não será possível pois já tinha um compromisso. Quando quero fazer o que me pedem? Ah, aí eu mesmo respondo. Dizer 'sim' é bem mais fácil."

Marcos "assertivo" pede a palavra.

"Eu, às vezes, passo a batata quente para a minha esposa. Mesmo conseguindo dizer não com mais desenvoltura, acontece de me sentir encurralado. Aí, terceirizo mesmo, na cara dura. Chamo a Luísa — se ela já não estiver por ali — e a coloco a par da solicitação, do convite ou do que quer que seja que eu não esteja muito disposto a aceitar, e pergunto o que ela acha. Em geral, ela entende o que está acontecendo e me ajuda, dizendo o não que eu queria dizer, mas já aconteceu de ela concordar. E aí não dá para reclamar, já que fui eu quem passou para ela o poder de decisão. O que foi? Não é porque sou assertivo que consigo ser assertivo sempre. Mesmo estando sempre alerta e possuindo essa habilidade, acontece de ser no contrapé."

Fazer caras e bocas

A proposta deste livro é auxiliar na verbalização do "não". Que ele seja até soletrado, se necessário, mas que seja dito. Cara feia, "de quem comeu e não gostou", suspiros, olhares de reprovação e de desprezo, "ficar de bico", "armar a tromba" e resmungos não servem. Evidente que transmitem uma ideia e são uma maneira de se comunicar, mas não com a clareza e a assertividade desejadas.

Reconhece as expressões faciais que desejam transmitir um "não"? Nem sempre, não é? Não me admira. Expressões faciais são mais corretamente reconhecidas quando relacionadas a emoções básicas – alegria, tristeza, raiva, medo, surpresa e asco – intensas. A do "não" nem existe descrita como tal, mas podemos pensar que seja uma mescla toda particular e personalizada (por isso, bastante heterogênea) de indignação, raiva, desdém e surpresa, ou seja, bem difícil de ser decodificada. Mais ainda quando a outra parte não está interessada em facilitar para você.

Aqui cabe um parêntese sobre a expressão facial como forma de comunicação das emoções pelo ser humano. Na segunda metade do século XIX, em um livro extraordinário[11], o naturalista inglês Charles Darwin (1809-1882) pela primeira vez argumenta que a expressão corporal e postural das emoções básicas no ser humano são inatas, ou seja, faz parte do sistema operacional básico que temos ao nascer. Na década de 1970, começaram a ser publicados os artigos do psicólogo estadunidense Paul Ekman (1934-), pioneiro no estudo de expressões faciais das emoções[12], que reforçaram a hipótese de Darwin e proporcionaram avanços no entendimento da expressão das emoções pelo ser humano. Isso posto, passemos aos componentes da comunicação não- verbal. Primeiramente, eles envolvem duas pessoas: o emissor e o receptor. Em cada uma delas, vários fenômenos se dão em sequência, internamente em cada um e na interação deles. Comecemos pelo que acontece no emissor. Primeiro, em resposta a um estímulo, irrompe nele uma emoção, expressa mesmo que ele ainda não se dê conta dela – lembre-se de que somente quando

---

11 DARWIN, C. *The Expression of the Emotions in Man and Animals*. Oxford: Oxford University Press, 1998.

12 EKMAN, P. Facial expression and emotion. *American Psychologist*, v. 48, n. 4, p. 376-379, 1993.

uma emoção se torna consciente ela é transformada em sentimento, que aí pode ser interpretado e gerenciado[13]. Se ele interpretar corretamente o que se passa, poderá modular a expressão emocional, para mais ou para menos e, dessa maneira, transmitir uma mensagem mais ou menos clara. Agora, vejamos o que se passa no receptor. Dependendo de como ele captar o que o outro transmitiu, vai irromper nele uma emoção, que, se for notada e corretamente interpretada, também resultará numa expressão, mais ou menos evidente, muito por conta do que ele espera da interação. Bem, esse é o resumo do resumo para que você possa ter uma ideia bem fundamentada de que não adianta imaginar que transmite com clareza o que pretende, já que isso depende também da sensibilidade e boa vontade do receptor, que, no caso aqui, é a pessoa para quem você quer dizer "não". Ou seja, nem sempre estará interessada em decodificar sua negativa não verbal, suas caras e bocas, mas certamente em arrancar de você um "sim". Fecha parêntese.

Um exemplo claro dessa dinâmica é descrito na letra da recente "Vai lá" (2024):

"Eu falei: então tá
Eu falei: aham
Eu falei: vai lá
Mas eu tava morrendo de raiva
Será que cê não viu um 'não' grandão na minha cara?"

Então, Maiara e Maraísa, o sujeito pode mesmo não ter visto o tal "não". Até entendo que ele pudesse estar se fazendo de besta, mas do jeito que a negativa foi expressa, deu margem para que ele viesse com essa conversa de erro de comunicação. Fica a lição: quando o desejo é dizer "não", verbalize-o com assertividade. Não se fie em caras e bocas.

13 HETEM, L. A. B. *A grande obra*. São Paulo: Editora Novo Século, 2016.

Valer-se de sarcasmo e ironia

Outra maneira de não dizer "não" clara e diretamente, de dissimulá--lo, consiste da utilização de sarcasmo ou de ironia. Ambos funcionam como um balão de ensaio interpessoal: se não são bem aceitos fica fácil falar que o outro não entendeu direito e ainda fazê-lo passar por tolo por isso. Paulo "inseguro-safo" conta que quando sua negativa para uma solicitação é mal aceita, fala que era brincadeira, que estava zoando com o outro, e acaba fazendo o que lhe foi solicitado.

É bom que se saiba que essa estratégia meio capenga para contornar a dificuldade de dizer um "não" bem dito tem a ver com insegurança, raiva contida, medo e sentimentos de inadequação. Maria "passivo-agressivo" diz concordar com isso, mas admite ser sua principal estratégia, tanto para mandar uma mensagem (dúbia) de que não gostaria de fazer o que lhe pedem, quanto para expressar que achou inadequada a solicitação.

"Nisso ela é boa mesmo", disse Joana "inseguro", mãe dela.

"Adoro quando você fala assim, mãe."

"Tá vendo? Nem preciso explicar mais nada. Detesto quando você fala que adora algo querendo dizer que não gosta e não concorda."

"Tá, tá. Mas deixa eu mesma dar um exemplo de ter sido sarcástica para dizer 'não'. Vamos lá."

Ela toma fôlego, fica com os olhos marejados e começa.

"Um colega de faculdade, que morava na mesma cidade que eu, volta e meia me pedia carona. E ele já havia furado comigo de diversas formas: atrasando a saída, não aparecendo no ponto de encontro e não pagando a parte dele no combustível. Depois que fazia dessas, sumia por um tempo. Pois bem. Na véspera de um fim de semana prolongado, eu estava planejando sair o mais cedo possível, logo depois da aula, com lugar para apenas mais um no carro e já com o tanque cheio, eis que ele chega, na maior cara dura, e diz: 'Maria, soube que tem lugar no carro. Posso ir com você? Mas já aviso que não tenho dinheiro para o combustível e minha atividade acaba mais tarde que a de vocês' (se referindo aos outros caronas). Eles olharam para mim, esperando que eu dissesse um 'não' bombástico, mas escolhi um caminho mais sinuoso.

'Sério? — respondi — Mas que honra. Adoraríamos ter sua companhia nesta viagem, nem que tenhamos de esperar um pouco para isso. Afinal, ela não seria a mesma sem você'. A ironia estava clara para mim, mas ele se saiu com essa: 'Puxa, que bom. Então, até daqui a pouco. Sairei por volta das 17h30'. Virou as costas e foi para sua atividade.

Fiquei com cara de tacho. Os demais olhavam para mim, incrédulos. Final da história: não tive coragem de ir atrás dele e dizer que não era aquilo não. Saímos quando ele terminou a aula. Mesmo ele tendo conseguido se desvencilhar um pouco mais cedo, foi péssimo.

Pior é que, apesar de ter me dado mal nesse caso e em vários outros, ainda faço muito isso. Não funciona bem. O negócio é verbalizar o 'não'. E sustentá-lo, lógico."

Em geral sarcasmo e ironia não funcionam mesmo, menos ainda quando a outra parte só quer saber de defender os próprios interesses.

Barganhar mentalmente (autoengano)

Denomino "barganha mental" uma forma de autoengano baseada em uma negociação intrapessoal, na qual a pessoa mantém um diálogo mental de justificativas para realizar algo que se propôs a fazer, mesmo diante de contra-argumentos internos que a dissuadam, pelo menos naquele momento. É uma estratégia comum para se resolver conflito interno ou, como se diz atualmente, uma dissonância cognitiva. Ela está por trás, por exemplo, da decisão de adiamento ou quebra de uma dieta alimentar: "Só essa fatia de panetone não vai fazer diferença. Segui direitinho a orientação da nutricionista até aqui, então, eu bem que mereço".

A mesma dinâmica pode ser sistematicamente empregada para se contornar a dificuldade de dizer "não". Faz parte dela o famoso "o que é que custa?". É justo que se faça essa pergunta, mas muitas vezes, dependendo de emoções envolvidas, é o primeiro passo para não dizer "não", para ceder a alguma pressão. Uma dica: parta da premissa de que dizer "sim" sempre redundará em reagendar sua programação original. Às vezes, realmente o que se lhe pede não custará quase nada. Mas, em certas ocasiões, lhe sairá bem caro.

Paulo "inseguro-safo", filho de João "safo" e Nilda "inseguro", é mestre em se enganar. Até há pouco tempo, achava que era esperto e enganava os outros, quando, na verdade, só a si mesmo iludia. Ele, com a palavra:

"Não faz muito tempo, um amigo pediu meu violão emprestado. Quem me conhece sabe como sou apegado a esse violão. Acontece que o cara que me pediu é parceiro; somos amigos desde criança. Por isso mesmo, sei bem como ele é: enrolado até não poder mais. Ele, porém, explicou que o dele estava sem a corda Ré e sem a Mizinha. Disse que sabia como eu era ciumento do meu violão, que iria cuidar bem dele e que seria uma demonstração de amizade fazer o que ele pedia. Aí começou a barganha mental.

Quando me vi estava completamente envolvido nela, contabilizando prós e contras e nem mais pensando em soluções alternativas ou mesmo em como justificar uma negativa. Lembro que na 'negociação', do lado favorável ao empréstimo teve essa questão do que é que custa e um esforço de autoconvencimento de que com tudo o que ele estava me falava ele não iria furar comigo como já fez com outros, que comigo seria diferente. Não foi. Ele me devolveu o violão no dia seguinte, como prometido, inteiro, mas riscado. Um risco na lateral e outro, bem feio, no tampo.

E aí? Bem, fiquei puto. Mais ainda porque ele nem iria tocar no assunto se eu não tivesse tirado o violão da capa assim que o recebi. Só aí ele admitiu que tinha bebido um pouco a mais e por isso deixou o violão cair e blá blá blá. Moral da história: quando a barganha mental se torna uma negociação muito ferrenha, o melhor é buscar a resposta inicial que você queria dar e se apegar a ela como o melhor para você."

A intensidade e duração da barganha mental para justificar para si mesmo que vai fazer algo que não gostaria de fazer tem relação direta com as dificuldades para dizer "não" para defender limites apresentadas no capítulo anterior. Ou seja, quanto maiores elas forem, maior será o dispêndio de energia na barganha mental.

Atuar

Entenda-se aqui atuar no sentido de agir sem pensar, de reagir. Diferente das estratégias anteriores, essa é a que menos se encontra sob controle consciente. Em geral ocorre por falta de opção e quando nosso limite é ultrapassado. Aliás, esse comportamento, do qual faz parte o "não" apelativo, raivoso, desproporcional ao estímulo e mal colocado, é justamente um sinal de que a fronteira do bom-senso e do autocontrole ficou para trás. Nesse novo território, a lucidez, a capacidade de escutar o outro, de dar espaço para que ele se expresse e a noção de quando e como falar já eram.

Imagino que você já saiba qual de nossos personagens tomará a palavra. Isso mesmo: Roberto "agressivo".

"Tive mais de uma explosão de raiva, ou revolta, sei lá... quando sinalizo para a pessoa que não estou disposto a fazer o que me pede e ela se faz de desentendida. Maria, minha filha, diz que são 'surtos'. Em geral, não é na frente da pessoa, mas depois, a sós ou na presença da minha família, que acaba pagando o pato e escutando um monte, sem ter a ver como o que ocasionou essa reação em mim. Demorou para eu entender que se o 'não' não é dito, a pessoa que pediu algo pode não compreender ou fingir que não compreendeu. E continuar insistindo. Defendendo legitimamente os interesses dela.

Um exemplo? Vamos lá. Um amigo me pediu um dinheiro emprestado. Emprestei.

Disse que estava fazendo aquilo em consideração e contava que ele pagasse como combinado — em três prestações mensais — pois, do contrário, eu ficaria 'apertado'. Ele disse: 'Pode ficar tranquilo. Logo que acabar a carência, tiro dinheiro das aplicações e pago você. Até parece que não me conhece'. A primeira prestação, ele pagou direitinho. Quando chegou a hora de pagar a segunda, perguntou se poderia pagá-la junto com a terceira, dali a um mês. Nem quis muita explicação. Concordei contrariado, mas enfatizando que nosso acerto teria que ser na data prevista.

Pois bem. Chegou o dia do pagamento. Ele me aparece dizendo que sentia muito, mas que as coisas não saíram como ele imaginava e que poderia pagar o que devia em 20 prestações. Eu fiquei pasmo com a cara de pau do cara. Tanto que, antes de qualquer outra reação, fiquei calado, olhando fixo para ele. Aí, teve início o seguinte diálogo:

— Tudo certo então? — ele perguntou.

— Não, nada certo. Por que diz isso? — retruquei.

— Você está calado.

— Nem por isso estou de acordo com essa sua proposta indecente feita com tamanha petulância, como se você estivesse me fazendo um favor de pagar o que me deve.

— Não fique nervoso — ele ainda me pediu.

— Não estou nervoso! — gritei.

— Desse jeito não dá para conversar! — alegou o sujeito, e fez menção de se levantar para ir embora. No que ele se levantou, eu me levantei também, peguei-o pelo colarinho, coloquei-o contra a parede e berrei que aquilo não era atitude de homem, que ele estava sendo moleque ao desrespeitar um trato feito e achando que eu era trouxa. Que se ele pensava que sairia assim, sem mais, daquela sala, estava enganado. O cara ficou branco, sem reação, acho que se mijou todo.

Nesse momento, a secretária entrou na sala porque ouviu a gritaria, e eu relaxei com ele. Recomendei que voltasse no dia seguinte, dizendo que aquele assunto não estava encerrado. Quando ele e a secretária saíram, surtei. Chutei a cadeira, soquei a parede, bati a mão na escrivaninha e até joguei longe um treco que tinha na mesa.

Por quê? Porque fui dominado pela raiva — dele e de mim mesmo. Dele, pela desfaçatez. De mim, porque me envergonhei por ter perdido o controle. Perdi novamente o controle, entende? Por ter sido feito de bobo, por me sentir uma besta, pela culpa de não ter feito a coisa direito desde o começo...

A coisa certa? Ter dito 'não' logo de cara. Espero ter aprendido a lição.

Só para não ficarem sem saber o desfecho, no dia seguinte o sujeito voltou, conversamos civilizadamente e ele propôs me pagar 2/3 do que me devia, no ato, ali, e o restante, em três prestações. Concordei. E assim ele fez, mas a amizade acabou."

Ficou claro? Atuar é explodir, reagir de modo desproporcional ao estímulo, mas não por simples descontrole e sim porque o limite de tolerância (todos temos um) é ultrapassado e ocorre um transbordamento, uma erupção. No mais das vezes a reação exagerada não se deve unicamente à ocorrência que a precedeu, mas sim ao "passivo acumulado" de aborrecimentos e frustrações, aos quais o acontecido por último seria a gota d'água que faltava para o transbordamento. Verdade também que às vezes não é uma gota e sim um balde d'água. Esse acúmulo, a meu ver, é inevitável, mas pode ser bastante amenizado com "nãos" bem colocados.

Para minha surpresa, Marcos "assertivo" quis dar um testemunho para ilustrar esse tópico e também para mostrar que não é porque desenvolveu a habilidade para dizer "não" que está imune a ocorrências de perda do controle.

"Não me orgulho do que fiz, mas fiz. Não adiantou nada. Apenas serviu para eu entender que não dá para baixar a guarda. Eis o que se passou: eu estava chegando de carro ao escritório. Temos vagas de estacionamento na frente dele. São apenas quatro, e de quem chegar primeiro: clientes ou equipe do trabalho.

Naquele dia, eu estava em cima da hora, não tinha onde estacionar na rua, o estacionamento próximo estava cheio. Um Ford Ka ocupava duas vagas do estacionamento do escritório. Parado bem no meio das duas, bem em cima da faixa que divide uma e outra.

Respirei fundo e, depois de quatro voltas no quarteirão buscando um local para deixar o carro, parei atrás do Ka e entrei. Perguntei à secretária de quem era o carro. Iria pedir que o colocasse na posição correta. Não era de ninguém que estava lá dentro.

Quando saí, me deparei com o sujeito do Ka tentando sair com o carro dele, mas impedido pelo meu. Eu disse que já ia tirar o carro. E também que aquela era uma vaga particular, que ele não deveria ter parado lá. Que ele ainda tinha conseguido ocupar duas vagas. Lógico que não falei com essa calma com que agora estou contando aqui.

O fato foi que ele me xingou, gritou que estava com pressa e mandou que eu tirasse o carro logo, que parasse com falatório, pois não tinha tempo a perder comigo. Aí o sangue subiu. Em vez de entrar no meu carro, fui em direção ao dele. Berrei mais alto ainda, dizendo que eu não era moleque para ele se dirigir a mim daquela maneira, que ele é quem estava errado ao estacionar nas vagas do escritório sem ter sequer entrado nele. Por último, falei que não tiraria o carro enquanto ele não se desculpasse."

Que fique registrado: todos que escutaram essa história se surpreenderam. Mesmo os que conheciam Marcos há muito tempo, não acreditavam no que estavam ouvindo. Não era a pessoa com quem todos conviviam. Naquele momento, estava "possuído". Isso sem terem sabido do que aconteceu a seguir.

"Postei-me do lado de fora da porta do motorista do carro dele e repeti o que havia dito com mais raiva ainda. Ele abriu a porta, fez menção de sair; eu chutei a porta de volta e falei mais uma vez, já voltando a mim: 'Peça desculpas, e eu tiro o carro'. Ele tentou abrir a porta de novo, eu impedi. 'Peça desculpas'. Eu aparentava estar tão transtornado, que foi o que ele fez. Virei as costas e manobrei o carro. Ele saiu, e eu entrei — em uma vaga só.

Olha o risco que corri. O cara poderia ter tido outra reação. Já pensou se eu não chegasse a tempo de impedir que ele saísse do carro? E se ele estivesse armado? Certamente eu teria mais a perder com ele se a coisa escalasse. Rapaz, mas eu fiquei mal depois de ter tido essa explosão!"

Todos, sem exceção, temos um limiar de disrupção que, uma vez ultrapassado, resulta em perda do controle e, consequentemente, em comportamentos e ações impensados, cujos resultados podem ser trágicos. Partindo desse pressuposto, de que qualquer um de nós, mesmo os mais zen, possuem esse limite crítico, mais promissor é entendermos que fatores facilitam essa ocorrência. Não é o objetivo aqui esgotar esse assunto, só mesmo nomear os principais. São eles: acúmulo de aborrecimentos, estresse crônico, baixo autocontrole, contexto adverso (postura agressiva do interlocutor, sentir-se injustiçado ou desrespeitado, ausência de moderadores) e a excepcionalidade da situação, no sentido de que em geral é imprevista e estranha ao modo de vida habitual.

Embolar (tudo junto e misturado)

A separação que fiz dos diversos modos de se contornar a dificuldade de dizer "não" em categorias é didática. Na realidade, eles costumam ocorrer juntos. Uma mesma pessoa pode se valer de diferentes estratégias em momentos distintos e na dependência de quem for seu interlocutor.

Pedi à Joana "inseguro" que relatasse a última viagem que fez em família. Uma verdadeira tragicomédia. Lembre-se de que ela é casada com Roberto "agressivo" e tem uma filha: Maria "passivo-agressivo". É também irmã de Nilda "inseguro", à época esposa de João "safo", pais de Paulo "inseguro-safo". Pois bem, os seis foram passar duas semanas no litoral norte do estado de São Paulo, onde alugaram uma casa. Lembre-se também de que ela é dramática. Achei que o colorido mais forte que ela dá às narrativas iria prender mais sua atenção e, com isso, aumentar a chance de assimilação desse trecho do livro, em que constam as várias medidas evasivas à verbalização de um "não" com alguns de seus desdobramentos.

"Vou começar do começo, quando decidiram que iríamos fazer a viagem e marcaram a data. Foi ideia do Roberto, que é dono de ter ideias de jerico quando está pilotando a churrasqueira. Ainda mais com João "safo" dando corda. João se divertia ao ver a agressividade de Roberto dissolver-se em álcool e dar lugar a uma emotividade pegajosa. Agora não tem mais oportunidade de fazê-lo, pois não se falam mais.

Distanciaram-se antes mesmo da separação do João e da Nilda, muito provavelmente por causa do que aconteceu nessa viagem.

Pois então, minha irmã e eu não participamos da decisão. Fomos comunicadas ali mesmo no churrasco: iríamos passar uma temporada no litoral dali a duas semanas. Os dois estavam animados com a ideia. Quando foi isso? Ah, há uns três ou quatro anos. Era um domingo, no fim de janeiro. As crianças — a gente diz 'crianças', mas a Maria e o Paulo já estavam na faculdade— gostaram da ideia.

Nilda e eu concordamos. Por quê? Bem, porque, primeiro, pensamos que até poderia dar certo, apesar das chances serem pequenas. Segundo, porque nem eu nem ela estávamos em posição de questionar a decisão. Eu não digo 'não' para o Roberto. Tenho medo da reação dele. Mais ainda quando está meio 'tocado'. Não, ele nunca relou a mão em mim, mas fica nervoso, grita, xinga, diz que nunca estamos satisfeitas. Sim, coloca a Maria no meio, mesmo que ela nem esteja por ali. A Nilda não falaria 'não' porque que eu não me opus e porque (eu vi) João fez sinal com a mão para ela deixar a coisa fluir.

Paulo (eu vi) assistia ao desenrolar das coisas sorrindo. Pensei que era porque estava gostando da ideia, mas ele me disse depois que era porque percebeu que o pai queria mesmo era 'tocar fogo no parquinho'.

E aí? Bem, no dia seguinte, segunda-feira, logo de manhã, Nilda me ligou — segundo ela, a pedido do João — para saber se o 'pré-combinado' era para valer. Sem saber direito o que responder, disse 'sim'. Deveria ter dito 'não'. O 'pré-combinado', soube quando contei para o Roberto, não era para valer. Era só para 'encher linguiça', 'conversa fiada', ele disse.

Já imaginou? E aí, quando falei que ia ligar para a Nilda e dizer que o programa teria que ficar para outra ocasião, escutei um monte: que não era para fazer isso; que já que eu havia dito 'sim', a viagem iria acontecer de qualquer jeito; que era um absurdo eu responder algo sem perguntar para ele; e isso aos berros. Percebeu? Eu é que acabei ficando como a responsável pela trabalheira que ele teria pela frente. Maria, que chegara na cozinha atraída pela gritaria, só fez um comentário, como se pensando em voz alta, mas dirigido ao pai, bem do jeitão dela: 'falou demais e arrumou pra cabeça'. Ele poderia ter deixado pra lá, mas passou recibo: 'arrumei pra cabeça o quê? Vou atrás dessa merda de casa na praia é agora mesmo! E aí vamos ver quem vai dar pra trás'.

E assim ele fez. Arrumou, com um amigo, a indicação de uma casa na praia da Lagoinha. Onde fica? Entre Caraguatatuba e Ubatuba, a uns 20 km de Ubatuba. Ele não pensou duas vezes: reservou e deu um sinal para garantir a reserva. Roberto é assim, quando pega pra fazer, faz. Nem sempre da melhor forma, mas faz. Ato contínuo, pediu que eu ligasse para Nilda informando datas de entrada e saída: 7 e 16 de fevereiro, valor do aluguel "especial" porque era em período fora de temporada (pré-Carnaval) e localização "pé na areia", Roberto enfatizou que eu dissesse.

Combinei com a Nilda de fazermos umas comprinhas para a viagem. Roupas novas e umas coisinhas para beliscar como aperitivo. Chamei a Maria para ir conosco, mas ela falou que tinha um trabalho na faculdade. Saiu caro, viu? Hoje em dia, uma ida ao supermercado é de R$ 800 a R$ 1 mil. Dividimos a conta, lógico."

Nesse ponto, Nilda interveio:

"É, Joana, mas esse acerto me saiu ainda mais caro. João me deu uma bronca. Disse que era um absurdo pagar por produtos caros que não costumávamos consumir e de que nem gostávamos. Disse também que nem estava animado com esse passeio e só estava indo porque tínhamos sido convidados."

Estranhei. Não tinham combinado de irem juntos? Esse "detalhe", sem dúvida, contribuiu para o desfecho da empreitada. Joana, por sua vez, não percebeu que ali estava o princípio do fim e seguiu adiante.

"Saímos na sexta-feira de manhã. Juntos, mas cada um por si. João e Roberto são muito diferentes. João dirige rápido, acima do limite de velocidade. Fala repetidamente que não liga para radares porque o carro está no nome da firma, e as multas não chegam para ele. E não gosta de paradas longas. Roberto é o oposto: respeita os limites, para de duas em duas horas, sem pressa. Tudo correu bem na viagem. Naturalmente, João e sua família chegaram antes ao destino. Três horas antes.

Ao chegarmos, por volta de 4 horas da tarde, Maria resmungou: 'pé na areia? Só se for na areia da construção vizinha'. De fato, a casa ficava longe da praia, 1,5 km para ser exata, do outro lado da Rio-Santos, do lado que os moradores locais chamam de 'sertão'. Ela verbalizou o pensamento geral, mas Roberto fez que não ouviu.

As instalações? Faziam jus ao que haviam dito: jardinzinho na frente, garagem para dois carros, vista de montanha, três quartos, sendo duas suítes, sala de estar, lavabo e cozinha (bem apertadinha). Nos fundos, tinha uma churrasqueira de alvenaria em uma pequena área de lazer murada. Do outro lado do muro, de um lado tinha uma construção; do outro, uma casa fechada. Nos fundos, mata nativa. Os banheiros das suítes estavam um pouco mofados.

Quando chegamos, João, Nilda e Paulo já estavam instalados. O casal pegou uma suíte; o rapaz, o quarto sem banheiro. Ficamos com a outra suíte, na qual tinha uma cama de casal e outra de solteiro. Estava quente, bem quente. E abafado. Aquele ar parado. Não tinha ventilador nos quartos e nem uma brisa.

Houve um momento estranho. Estávamos na sala — nós chegando, e Nilda e João vindo do quarto — e ficamos em silêncio por um tempo, uns olhando para os outros, todos perdidos em seus pensamentos. Não sei quanto durou; deve ter sido apenas um instante, mas pareceu longo e, sem dúvida, bastante estranho. Paulo nos trouxe de volta à realidade: 'Trouxeram repelente? E inseticida? Porque meu pai esqueceu, e meu quarto está cheio de muriçocas[14]'. Não tínhamos trazido.

'Eu esqueci?! Por que não pensou nisso quando estávamos colocando as coisas no carro? Mas não, lógico que não. Saiu do quarto e entrou no carro direto, sem nem perguntar se precisávamos de ajuda. Agora tem a cara de pau de dizer que eu me esqueci!', João reagiu, mal contendo a irritação.

Disse que não adiantava chorar o leite derramado, ou melhor, o inseticida não trazido. Mais prático seria alguém dar um pulo na farmácia e comprar o que precisávamos: repelente, inseticida, se tiver, e água mineral. Seria bom se, no trajeto, comprassem também algo para comermos. Roberto sugeriu que o João fosse, pois tínhamos acabado de chegar e nem havíamos descarregado o carro. João disse que até gostaria de ir, mas já tinha bebido algumas cervejas e não queria correr o risco. Paulo esgueirou-se silenciosamente para o quarto infestado de muriçocas. Nilda disse que não se sentia segura de dirigir naquelas bandas.

Tive que pensar rápido. Roberto olhava para um, para outro, para mim, não acreditando no que se passava, meio em choque, mas eu sabia que era uma questão de segundos para ele explodir. Disse que eu iria, que ele arrumasse as coisas no quarto. Chamei a Maria para ir comigo, mas ela, coitada, estava com enxaqueca. E lá fui eu, com o coração na mão, encalorada e meio passada, misto de cansaço com pressão baixa. Não, não estava preocupada em não encontrar a farmácia ou em me perder. Meu temor era como as coisas estariam quando eu voltasse. Por quê? Ora por quê. Porque o Roberto estava nervoso, porque o João é folgado, porque a Joana é uma mosca morta, porque o Paulo saiu de

---

14 Também chamados pernilongo comum, mosquito, mosquito-prego, fincão, bicuda ou carapanã, dependendo da região do Brasil. São mais ativos de noite, o que os distingue do Aedes aegypti, que pica majoritariamente de dia.

cena e porque a Maria adora irritar o pai com os comentários dela. Mas fui, entreguei nas mãos de Deus e fui.

O que passou pela minha cabeça naquele momento de silêncio? Tanta coisa... Um monte de porquês: por que não fui sincera e não disse que não queria viajar? Por que fazer as coisas sem pensar direito? Por que me deixar levar sem dar minha opinião? Por que as coisas têm que ser assim?

Mas deu tudo certo. Comprei o que precisava e ainda pão e frios para o café da manhã. Quando voltei, felizmente, tudo em ordem e em paz. Os 'meninos' tomando uma cerveja em volta da churrasqueira, já acesa. Nilda e Maria fazendo vinagrete na cozinha. Até uma musiquinha tinha. E estava quente, muito quente. E abafado.

Eu sei, eu sei, vou resumir a história. Tudo correu bem até quinta-feira. Aí tínhamos que fazer compras para abastecer a casa para o fim de semana. Hoje, olhando para trás, até vejo que já havia prenúncios do que estava por acontecer, mas na hora passou despercebido.

O que aconteceu? Estava quente, bem quente, logo de manhã. E abafado. À tardinha chovia, mas nada de refrescar. Pelo contrário, parecia que depois da chuva o ar ficava mais pesado; uma verdadeira sauna. Pois bem, a dúvida era ir logo cedo, daqui a pouco, ou à tarde, depois da praia. João, procrastinador que sempre foi, falou que iria depois, que poderíamos aproveitar a praia, almoçar porções em um quiosque e ir às compras mais tarde. Estávamos todos no 'forno de pizza', que foi como passamos a chamar a sala. Maria, tal e qual Roberto e eu, achava que não dava para se fiar na conversa do João, disse: 'quem espera demais, fica sem'. O problema era que o sarcasmo fazia com que ou sua fala fosse mal recebida ou simplesmente ignorada. Nesse caso, foi ignorada.

Eu? Achava que devíamos ir logo. Roberto também, mas não estava disposto a ir sozinho. A cada dia que passava irritava-se porque nem o João nem o Paulo ajudavam nas tarefas da casa. Não respeitavam nem a regra básica de não espalhar areia por onde passavam. Para que eu e a Nilda não ficássemos sobrecarregadas e pudéssemos aproveitar um pouco também, ele, de má vontade e sempre resmungando, fazia algumas coisas. O problema do Roberto é que ele não consegue falar o que pensa quando contrariado. E vai guardando. É como uma panela de pressão sem válvula de segurança. Chega uma hora que vai explodir. E eu estava vendo essa hora se aproximar.

O que eu podia fazer para impedir que isso acontecesse? Você quer dizer o que eu poderia fazer além do que fiz, não é? Porque não foi pouco: escutava as queixas dele, dava oportunidade para ele desabafar, concordava com as reclamações que ele fazia... sem, contudo, reforçá-las, mas pedindo paciência. O duro é que as atitudes do meu cunhado também me incomodavam. E também a pasmaceira da Nilda, que era incapaz de se posicionar.

Enfim, João convenceu Roberto de que melhor seria se fossem fazer as compras no fim da tarde e não naquele momento. Não é que Roberto tivesse sido convencido, mas sim que ele engoliu o que preferia fazer, embora não quisesse fazer sozinho, pois se o fizesse se sentiria feito de bobo — sentimento que só crescia dentro dele.

Naquele dia não aproveitamos a praia como vínhamos fazendo. Por quê? Não sei dizer, pode até ter sido por acaso, mas a tensão no ar era palpável. De um lado, Roberto, contrariado e se segurando. Do outro, João não dava descanso. Falava repetidamente — para quem quisesse ouvir — que era melhor levar a vida sem muita programação, que no fim tudo se arrumava. Mas só estávamos nós na praia. Ou seja, ele pregava para convertidos (Paulo e Nilda), para insubmissos (Roberto e Maria) e para mim, que tentava me manter calma, mas não me sentia capaz de interferir no rumo que as coisas estavam tomando. Para complicar, o quiosque onde planejávamos comer para enganar o estômago estava fechado. Tivemos que nos contentar com queijo coalho na brasa vendido por um ambulante. Não estava ruim, mas nossos estômagos não são tão idiotas assim. Epediram mais. A fome logo bateu.

Roberto já estava contrariado, mas, com fome, ninguém o segura. De repente ele se levanta e comunica: 'Chega, vamos comprar o que precisamos. Os homens vêm comigo. As mulheres decidem se ficam um pouco mais ou se voltam para a casa, pois um carro ficará com elas'. Curto e grosso. E inesperado.

Paulo de pronto se levantou, como se respondendo a uma convocação, Maria disse que achava bom e Nilda ficou branca, esperando, apreensiva, a reação do marido. Eu estou falando dela, mas também fiquei paralisada. Queria dizer que se ele quisesse poderia ser assim ou que poderíamos fazer o inverso – os homens ficavam e as mulheres iriam – ou que eu iria com ele e os outros poderiam ficar. Simplesmente, não consegui.

— Será? — perguntou João, de maneira jocosa.

Nilda empalideceu ainda mais. Maria, ao contrário, sempre meio blasé, enrubesceu. E se deu o seguinte diálogo entre o Roberto e o João:

— Sim. Vamos?

— Vão você e o Paulo. Dão conta de fazer isso.

— Gostaria que você fosse também.

— Ah, mas não estou muito disposto.

— Eu também não estou disposto nem animado, mas o que tem que ser feito tem que ser feito.

— Mas é o que venho repetindo desde que chegamos aqui: não tem isso de ter que ser feito, Beto.

— Como não, João? Se não formos fazer as compras como teremos o que comer e beber nos próximos dias? Como vamos tomar banho sem sabonete? Limpar a bunda sem papel higiênico?

— Não precisa baixar o nível...

— Precisa sim, para você se mexer é preciso chegar nesse ponto! Vai ser folgado assim lá longe. Parece que veio para ser servido. Não faz nada e ainda empata os que querem fazer.

— Vim porque fui convidado.

— Convidado é o caralho! Combinamos de fazer essa viagem. Não teve isso de um convidar e o outro aceitar o convite. Combinamos!

— Opa. Acho então que chegou a hora de 'descombinar'.

— Sério?! É essa sua saída? Isso ao invés de ir comigo às compras?

— É, é isso mesmo. Daqui já vamos embora."

Joana retoma a narrativa:

Ele foi, e Nilda foi junto, chorando. Paulo disse que preferia ficar e perguntou se podia, ao que respondemos afirmativamente. O pai o fulminou com o olhar. João esperava que tentássemos fazê-lo mudar de ideia, Nilda depois me disse. Se deu mal. E aí? Bem, depois de uma 'sessão de descarrego' na mesa de um boteco em frente ao supermercadinho, reabastecemos a casa e aproveitamos o resto da viagem."

O que foi? Não gostou do final? Esperava algo mais trágico, não é? Teria várias histórias mais pesadas para contar – a da moça que não disse "não" porque queria agradar o paquera, foi se deixando levar em silêncio e acabou sendo estuprada; a do rapaz que não resistiu à oferta de droga que passava na balada para não destoar dos colegas, abriu um surto psicótico e quase morreu nadando em direção ao mar aberto por acreditar que estava sendo perseguido; a do sujeito que não conseguiu sair de um relacionamento abusivo, porque na sua barganha mental se convencia de que a situação iria melhorar, foi espancado pela esposa e ainda acusado por ela de tê-la agredido; a da mulher que não deu conta de recusar a carona que o amigo embriagado lhe ofereceu – o "não" diluído e as caras e bocas que fez não foram suficientes – e faleceu em acidente automobilístico provocado por ele; e outras mais. No entanto vamos circunscrever o tema que está sendo abordado aqui: que não dizer "não" quando e como necessário tem impacto negativo na nossa vida cotidiana. Lógico que em circunstâncias que envolvam decisões críticas o dano pode ser bem maior.

Saberia dizer quantas oportunidades as pessoas envolvidas na história da Joana "inseguro" tiveram para se posicionar contrariamente às propostas, modificando assim o curso dos acontecimentos? Pelas minhas contas, sem considerar interações menores, foram seis. Imagino que tenha identificado várias das manhas que descrevi nesse capítulo sendo usadas em diferentes momentos: inventar desculpas, mentir, barganhar consigo mesmo, valer-se de ironia e sarcasmo e até fingir-se de morto para contornar a dificuldade de dizer "não". Nem gastei tempo detalhando a última, por ela ser autoexplicativa.

Capítulo 5

Consequências da dificuldade de dizer "não"

As pessoas com dificuldade para dizer "não" buscam apreço, aceitação e reconhecimento dos demais. Esforçam-se por preservar a imagem de amáveis, disponíveis, leais, de pessoas com quem se pode contar, enfim. Quando essas necessidades tornam "sim" a resposta automática, mais cedo ou mais tarde surgirão impasses. Não se iluda: só dizer "sim" é problema na certa. A pessoa que sistematicamente faz isso corre sério risco de ser usada, abusada mesmo, e de sofrer com os desdobramentos dessa violência contra si.

Vendo por outro lado, a certeza de que a inaptidão para dizer "não" inevitavelmente terá consequências nocivas pode ser vista como estímulo para a mudança; para o esforço necessário ao aprendizado e aprimoramento da habilidade de verbalizá-lo com assertividade, timing e elegância. Não saber colocar limites e fazer do "sim" a resposta padrão às demandas dos outros tornam os relacionamentos e a vida como um todo muito mais desgastantes e complicados do que já são. A seguir, descrevo algumas das consequências mais comuns da inabilidade de se dar o devido valor a si, aos seus compromissos e aos limites que estipula. Ou, em outras palavras, as consequências nefastas de não dizer "não", o demarcador de limites. Observe que elas não são mutuamente excludentes.

Abuso

Uma das consequências mais sérias e, infelizmente, bastante comum de não saber dizer e sustentar um "não" é se tornar mais vulnerável a relações abusivas. Isso porque o outro percebe (às vezes inconscientemente) que pode ultrapassar limites sem resistência.

Vejamos o que nossos colaboradores, vamos assim dizer, têm a dizer sobre essa questão em diferentes contextos.

Bruna "tô-nem-aí" pediu que eu aqui registrasse que seu "sobrenome" é muito mais expressão de como ela gostaria de ser do que de como age e reage no dia a dia. Ela mora com o namorado há alguns meses. Saiu da casa dos pais por se sentir muito cobrada, criticada e sufocada lá. Como ela mesma costuma falar: saí da casa, mas a dinâmica da casa ainda não saiu de mim. Ela continua na luta para se libertar. Eis o relato dela de um acontecimento recente no contexto familiar.

"Estava em meu apartamento, de repouso. Não tinha ido trabalhar naquele dia por conta de uma gripe forte. Avisei o seu Marcos ("assertivo", o dono da empresa em que ela trabalha na recepção) que o médico tinha me dado um atestado e recomendou repouso de alguns dias.

Minha mãe sabia da minha situação. Meu pai tinha dito para ela. Mesmo assim, ligou repetidas vezes pedindo — pedindo não, exigindo — que eu resolvesse uma pendência no cartão de crédito dela. Uma cobrança indevida, pelo que ela me falou.

Expliquei que faria isso quando melhorasse, que não estava me aguentando em pé de tanto mal-estar, mas ela não aliviou. Já mandou logo um 'depois que saiu daqui não liga mais para nós... você nos abandonou... nunca pensei que fosse capaz de fazer isso... eu sabia que seria assim quando você se mudou'".

Observe, caro leitor, a chamada comunicação de duplo-vínculo, contraditória, da mãe da Bruna – "nunca pensei vs. sabia que seria assim" – temperando a chantagem emocional, convidando a filha a se explicar e incutindo nela o sentimento de culpa por ter deixado os coitados dos pais. O pai, aliás, não tem nada com isso. A mãe fala em nome dele também para aumentar a carga de culpa.

"Mesmo consciente dessa dinâmica, não consegui resistir à pressão. Cedi, incomodada com a ideia de que se não agisse rápido minha mãe seria prejudicada. Pedi que ela me enviasse o extrato e iniciamos uma chamada de vídeo. Quando me dei conta de que não havia urgência alguma, era tarde. Já estava eu ali, mais uma vez, pondo minha mãe e as demandas dela em primeiro lugar, à frente até da minha necessidade de me cuidar por conta de uma doença! Incrível como as vezes ainda sou uma marionete nas mãos dela. E ela mexe os fios direitinho para me fazer ficar mal com o sofrimento dela."

É dar muito poder ao outro, um poder que verdadeiramente não tem, insinuar que se ele(a) agisse diferente você viveria melhor. Não se coloca nosso bem-estar nas mãos de ninguém. Não faça isso! Não é que a mãe da Bruna a deixa mal para abusar dela. É a Bruna que ainda não é capaz de não ficar mal com a chantagem da mãe, e aí se torna uma presa fácil. Um "não" sem culpa, firme e assertivo – que só será possível quando a Bruna estiver mais segura de si e mais confiante de que fez a coisa certa e sabe o que é melhor para ela – fará parte da resolução definitiva dessa dinâmica perversa que a mãe dela reforça sempre que tem oportunidade.

No trabalho é muito comum que aconteçam abusos. Por exemplo, quando um chefe delega tarefas extras, que deveriam ser realizadas por outros membros da equipe, para alguém que nunca reclama. Nesse ponto, Pedro "perfeccionista", que é de falar pouco, pede a palavra.

"É típico da minha gerente. Demorou para eu perceber que ela estava me usando para esconder a ineficiência do sobrinho dela, que trabalha conosco. Custou para eu entender que quando ela dizia "sei que posso contar com você para revisar esses relatórios hoje à noite. Vai ser rapidinho" era porque ela precisava do trouxa aqui para cobrir a falha do queridinho dela. O que eu ganhava com isso? No começo, pensei que reconhecimento, que poderia até ser promovido, mas, na verdade, nada."

Fique alerta para não se transformar no "pau pra toda obra" pela incapacidade de se recusar a fazer o que lhe é solicitado, mas não devido. Em relacionamentos amorosos também haverá abuso se uma das partes não for capaz de colocar limites. Observe que escrevi "haverá", futuro do presente indicando que isso ocorrerá inevitavelmente, e não "poderá acontecer", sugerindo apenas uma possibilidade. Vai ocorrer. É líquido e certo. Bia "assertivo" pede para dar um depoimento.

"Por muito tempo aceitei ter relações sexuais com um namorado, mesmo sem vontade. Tinha medo de que acontecesse o que ele dizia com a maior naturalidade: que se não se satisfizesse comigo teria que fazê-lo com outra, já que era da natureza dele transar com frequência."

Sempre priorizar o desejo do outro, pelo medo de perda ou rejeição, nunca dá certo.

"E tinha mais: quando eu dizia não estar a fim, era acusava de não mais sentir tesão por ele e que, sendo assim, iríamos acabar nos afastando. Sem conseguir sustentar o 'não', cedia. Hoje vejo que me violentava, e o que era para ser um bom momento se transformou em algo aversivo."

Você percebeu que esse posicionamento do moço configura clara violação de limites íntimos e emocionais, não é? Se eles não forem bem demarcados, e o demarcador de limites, o "basta", não é dito e sustentado, não dá para esperar que alguém os respeite.

Quando soube que neste livro haveria um tópico sobre abuso como consequência de não colocar limites claros, Guto "assertivo" pediu para eu incluir uma vivência dele.

"Todos sabem que as redes sociais são terra de ninguém. Lá muita gente faz o que quer na sombra do anonimato, mas também tem aqueles que dão as caras sem a menor cerimônia. Um conhecido, nem era meu amigo, veio com uma conversa estranha para cima de mim. Escreveu que não tinha mais ninguém com quem pudesse contar e que precisava de dinheiro para pagar o aluguel senão seria despejado. Não respondi.

Ele então mandou que pensava que eu fosse um amigo verdadeiro e que estava decepcionado comigo.

Eu disse que lamentava a situação dele, mas não tinha como socorrê-lo naquele momento. Depois soube que ele mandou mensagem semelhante para muita gente que nem o conhecia direito. Alguns fizeram um pix para ajudar, mesmo sem saber direito quem ele era, só para depois descobrir que tinham sido vítimas de um golpe. Sempre tem aqueles que, por se sentirem na obrigação de ajudar, cedem. Eu não. Não cedo à chantagem emocional."

A irmã dele, Bia "assertivo", fez um adendo.

"Tem também as cobranças por curtidas e comentários das postagens de conhecidos e por respostas rápidas às mensagens de WhatsApp. Precisei fazer uma desintoxicação. Não estava dando conta de responder e acompanhar tudo o que postavam. Isso me deixou nervosa e irritada. Decidi ficar uma semana sem nem olhar as redes sociais; celular só para fazer e receber ligações. Planejei minha volta à cena para que aquilo não se repetisse: reservei períodos curtos do dia, nunca próximo da hora de me deitar, para me inteirar do que acontecia.

Resolvi também não mais me engajar em todas as postagens. Só interagia quando realmente queria. Foi quando me dei conta de como meus limites eram permeáveis nas redes sociais. Enquanto estava no meio daquele turbilhão de mensagens, intrigas, postagens e interações, eu não conseguia perceber isso."

Espero ter deixado claro que a incapacidade de dizer "não" encoraja comportamentos abusivos, já que o outro aprende que pressionando consegue o quer; cria rachaduras na cerca que circunda seu terreno pessoal, causando desequilíbrio nas relações interpessoais; e abala a autoestima, à medida que a pessoa abusada invariavelmente fica mal consigo mesma.

Relutante, Pedro "perfeccionista" pediu para relatar um abuso de que foi vítima por não ter conseguido fazer valer o "não" que disse para o pai, que o ignorou, mas, como se verá, do pior modo possível.

"Meu pai é caminhoneiro e, por motivos que não interessam aqui, ficou com o nome sujo. Um dia, eu chegando do trabalho, ele disse que queria me pedir algo que, para ele, era muito importante. Chamou minha mãe para participar da conversa. Ele sempre foi de falar muito, então, para simplificar, vou resumir: ele queria que eu fizesse empréstimo no meu nome para que comprasse um caminhão. Segundo ele, era tudo de que precisava para se acertar na vida.

Respondi que não poderia porque já estava vendo de entrar num consórcio de carros e que, se fizesse o empréstimo, a administradora não aprovaria meu ingresso, pois saberia que minha renda não comportaria os dois. Mas que poderia falar com o gerente da minha conta para ver se haveria alguma maneira de viabilizar o negócio. Ele, então, falou que não precisava, que compreendia. Ele e minha mãe trocaram olhares, mas a conversa acabou ali.

Semanas depois, sem ter notícia da administradora do consórcio sobre o meu ingresso em um grupo, cobrei dela um posicionamento e a resposta foi que meu nomefora vetado. Não entendi o porquê disso, mas não obtive maiores explicações da moça responsável. Ela só repetia que meu nome tinha sido vetado.

Chegando em casa naquele mesmo dia, comentei com minha mãe e ela, já começando a chorar, revelou que meu pai havia forjado um documento de que eu ganhava uma quantia como autônomo que daria para ele tirar o empréstimo para a compra do caminhão. E que ele já havia, inclusive, dado a entrada.

Fiquei mal. Me senti feito de bobo, enganado, traído mesmo. Pelo meu próprio pai!? Fiquei sem ação. Não fui capaz de confrontá-lo e pedir que desfizesse o negócio e tive que adiar o plano de comprar um carro."

Para se ver que o abuso nem sempre é cometido por estranhos. Quem dera fosse assim, pois aí com as pessoas mais próximas seria perfeitamente possível ficar de guarda baixa, mas não. Às vezes, é de quem menos se espera que vem a falta de consideração para com limites impostos.

Quer saber se a história do Pedro teve pelo menos um final feliz?

Não teve. A coisa foi surreal. O tal caminhão estava todo irregular, com problemas mecânicos e de freio. Não andou mais do que 1 mês. O cara de quem ele o comprou, sumiu e nós ficamos com o prejuízo. Ele agora está deprimido, soterrado pela culpa, chora toda vez que me vê, pede desculpas e fica repetindo que é uma besta. Já buscamos tratamento psiquiátrico porque até em suicídio ele fala. E eu pagando as prestações do empréstimo que ele fez."

Comprometimento da autoestima

De que modo alimenta sua autoestima, seu apreço pessoal e sua autoimagem? De dentro para fora? Ou de fora para dentro? Reflita por um momento antes de responder. O primeiro modo passa por se dar o devido valor, respeitar-se, ser autêntico e sempre buscar o desenvolvimento pessoal, valorizando as virtudes e habilidades que tem, reconhecendo suas limitações e preservando sua dignidade. Dizer "não" faz parte desse processo. O segundo modo – de fora para dentro – é o inverso. A ênfase é no outro, na opinião do outro, em satisfazer o outro, em não desagradar o outro, em ser valorizado e querido pelo outro. Implica dizer muitos "sim", consentir ter seu espaço seja invadido repetidamente, submeter-se e sentir-se coagido a fazer coisas que não gostaria. Além disso tudo, resulta

em dependência do outro. Equivale a encher um balão de ar cuja superfície é porosa que precisa ser constantemente inflado para permanecer cheio, pois, do contrário, murcha.

A incapacidade de dizer "não" gradualmente corrói a autoestima — e o faz de maneira perniciosa. Sempre que alguém se cala diante de um pedido incômodo, cede a uma exigência injusta ou aceita algo que preferiria recusar, faz uma pequena renúncia de si. Para preservar o vínculo com o outro, dispõe-se a negar sua própria vontade, seus próprios limites, seu próprio bem-estar. No curto prazo, isso pode parecer um gesto de generosidade ou diplomacia; no longo, corrói a percepção do próprio valor.

A autoestima depende da coerência entre o que sentimos e o que fazemos. Quando repetidamente ignoramos o que sentimos para atender ao que os outros esperam, vamos, sem perceber, apagando o contorno da nossa identidade. Quem não sabe dizer "não" vive em função da aprovação externa, e isso significa dançar conforme a música do outro. Esse padrão evoca ressentimento por ter cedido e culpa por não ter conseguido ser mais firme de modo a se instalar uma ambivalência: culpar-se por não respeitar seus limites e temer perder seus "amigos" se os defender com firmeza. Essa incoerência interna perpetua autoimagem ruim: de ser fraco, alguém que se dobra, que é levado pelas circunstâncias.

Com o passar do tempo, as experiências de desrespeito, de relações desequilibradas, de desgastes silenciosos vão se acumulando. E cada vez que alguém ultrapassa seus limites sem resistência, reforça sua sensação de impotência que, quando crônica, é muito desmoralizante. Luísa "assertivo" pediu a palavra.

"Nem sempre fui como sou hoje. Para chegar até aqui comi muita grama, pastei nas mãos de parentes e amigos, ou que assim se diziam enquanto eu fazia tudo que me pediam. Só com muita terapia me desvencilhei da necessidade de reconhecimento e parei de me contentar com migalhas de afeto conquistadas à custa de esforço e sacrifício.

Achava que só eu era pouco, que tinha que dar algo a mais — uma lembrancinha ou um agrado — para que gostassem de mim. Imaginem como era minha autoestima!

A duras penas aprendi que dizer 'não' não é apenas recusar o pedido de alguém.

É afirmar meu próprio valor. É se colocar como sujeito da minha própria história. E, ao contrário do que muitos temem, agir desse modo só afasta as pessoas que não lhe querem bem, que não sabem conviver com limites, pois os que realmente importam e se importam com você permanecerão ao seu lado."

Depois desse depoimento, não houve muito que eu pudesse acrescentar.

Desgaste da imagem

Quando se diz "sim" para tudo e para todos o tempo todo, mais cedo ou mais tarde, vamos nos deparar com a impossibilidade de cumprir nossas promessas. No ambiente profissional isso acontece com muita frequência. Cada vez que dizemos "sim" por força do hábito, sem autocrítica, comprometemos a possibilidade de arcar com compromissos já assumidos. O descumprimento de promessas e prazos acaba atingindo parentes, amigos e colegas de trabalho, precisamente as pessoas que mais nos importam. E assim queimamos o filme com elas, algo nem sempre fácil de reverter.

Outro risco de dizer sim automaticamente, sem avaliação ampla do que está em jogo, preocupado em agradar, é se ver diante de um problema que você simplesmente não tem a menor competência para resolver nem sequer encaminhar. O resultado? Tarefas malfeitas ou não realizadas. Não sei se já esteve nessa situação. Eu já. Por isso falo com conhecimento de causa. É uma sensação bem desagradável, posso lhe assegurar.

A incapacidade de dizer "não" pode ser especialmente prejudicial para a imagem de um líder ou de uma figura de autoridade — ou de alguém que aspira sê-lo — porque solapa dois pilares essenciais da liderança: clareza de propósito e autoridade moral. A falta de firmeza nas decisões, principalmente as que envolvem um "não", transmite indecisão e confunde as pessoas, dilui diretrizes, alimenta insegurança e culmina com perda de respeito. Isso sem contar que quem diz "sim" sem critério se sobrecarrega, não dá conta de manter o nível de excelência e acaba sendo visto como não confiável.

Não saber dizer "não" não é incompatível com sucesso. Pelo contrário, é um dos requisitos necessários para se tornar figura de destaque e de liderança. Quem não sabe negar também não sabe delimitar. E quem não delimita, não lidera. É liderado pelos acontecimentos, pelas vontades alheias ou pelo medo de desagradar. Nesse sentido, o "não" é mais do que um instrumento de gestão, é um símbolo de integridade.

Problemas de relacionamento

Quando um relacionamento vai mal das pernas, um dos envolvidos pode, como parte do esforço para mantê-lo de pé, mesmo que capenga, concordar com tudo para recuperar a confiança do outro, conseguir seu perdão e restaurar o bom entendimento. No mais das vezes em que se escolhe esse caminho, porém, o que se observa é a deterioração progressiva da relação. Quanto mais nos esforçamos para ser amáveis e prestativos, mais evidente o servilismo, as concessões inadequadas, a humilhação e a perda da dignidade – todas consequências do excesso de "sins". Como você já deve ter percebido, o resultado será a ruptura, o término, mas a um custo e com um grau de sofrimento muito maiores.

Quanto sofreu Paulo "safo-inseguro" quando a namorada terminou com ele.

Vivenciou turbilhão de emoções que se iniciou pela perplexidade diante da posição dela. Depois vieram vergonha, culpa e raiva, nessa ordem, cozidas com tristeza e medo. O que aconteceu? Vejamos.

"Ela não admitia que eu fumasse maconha, coisa que fazia ocasionalmente e que nunca escondi dela. Quando começamos a namorar, já abri o jogo. Nos primeiros meses, ela parecia não se incomodar, mesmo porque eu não fumava quando estava com ela. Depois começou a dizer que percebia que eu tinha fumado; que eu mudava quando fumava. A taxa de acerto dela — de perceber que eu tinha fumado — era bem baixa. O problema é que quando eu dizia que não tinha fumado ela não acreditava, insistia na ideia dela e dizia que eu mentir não estava ajudando no relacionamento.

O que fiz então? Parei de fumar. Completamente. Nem palheiro. Depois de uma fase mais tranquila, ela começou a implicar que eu estava exagerando na bebida, sendo que isso não era verdade. Impôs como condição para continuarmos namorando que eu parasse de beber. Já fazia um tempo que vinha implicando também com o meu envolvimento com a Associação Atlética do nosso curso."

Ele, incapaz de pontuar o relacionamento com claros "nãos", expressou por muito tempo sua insatisfação com alguns abusos dela — manifestados por atitudes dúbias e codificadas. O problema é que, ao fazer isso, ao disfarçar o "não" desse modo, ele acreditava que, na própria cabeça, havia dito o "não".

"Para bom entendedor meia palavra basta; pingo é letra."

"Verdade", respondi. E desde quando sua namorada era boa entendedora?

Com o passar do tempo, ela se tornou bastante inflexível. Ele frequentemente se queixava dessa transformação, repetindo que ela não era a mesma de quando começaram a namorar, mas sabia muito bem que desde sempre ela nunca fora versada nas sutilezas da comunicação de sentimentos. Seu lado "safo", a habilidade que tem para se esquivar de situações difíceis (entre elas, a necessidade de dizer "não"), até então era subserviente ao "inseguro".

Felizmente, esse ferimento emocional, inicialmente causador de bastante dor e sofrimento, já durante a cicatrização serviu de estímulo para que Paulo desenvolvesse sua assertividade. Ele se transformar num "safo-assertivo" foi perfeitamente possível (ele tinha potencial e percebeu que seu lado inseguro era um entrave em praticamente todos os seus relacionamentos). Nosso trabalho conjunto deu muito certo.

Raiva de si mesmo

Não raro acontece de a pessoa ficar com raiva de si mesma pelo fato de não conseguir dizer e sustentar um "não". O resultado da raiva de si mesmo é em tudo parecido com o da raiva que se sente de outra pessoa ou de uma situação: (auto) agressão, comportamento de risco, desgaste dos relacionamentos, sofrimento dispensável e danos físicos, materiais e morais, por vezes irreversíveis. A raiva, nesse caso, é a emoção final comum de percursos cognitivos distintos. Vou apresentar alguns deles e você verá que eles são bem identificáveis. Bom que saiba que também não são excludentes, ou seja, por mais de uma via se chega à raiva de si como resposta emocional.

1. Dissintonia entre desejo e ação. Dizer "sim" quando na realidade o que deseja é se negar a fazer o que lhe solicitam ocorre uma incongruência interna que, por seu turno, gera uma tensão psicológica acompanhada pelo sentimento de que, de novo, mais uma vez, está cedendo para agradar; colocando os interesses do outro na frente dos seus. Resultado: raiva de si mesmo.

2. Acúmulo de ressentimento. Não há como evitar: a cada "não" que deixa de dizer – quando tê-lo dito era o que gostaria de ter feito – surge um pequeno incômodo, também relacionado com o conflito descrito no item anterior. Um só pode até não parecer muito e rapidamente se dissipar. Com o tempo – e a repetição desse padrão – esse estorvo se acumula e alimenta um reservatório de ressentimento. Não só contra os outros (que solicitam e se aproveitam de sua dificuldade) e de si mesmo (por não conseguir fazer diferente). Resultado: raiva de si mesmo.

3. Ciclo de frustração, culpa e castigo. No nosso tribunal mental, descrito no livro A grande obra, não tem como escapar: culpa = castigo autoimposto ou compensação de quem (pensa que) prejudicou ou ambos. Sendo assim, frustrar-se e se sentir culpado por ter entrado de novo em situação desconfortável por não ter dito "não" para alguma solicitação esdrúxula, vai redundar na amarga sensação de que não tem controle sobre a própria vida que, aos poucos, mina a autoestima. Resultado: raiva de si mesmo.

4. Diluição da identidade e perda da nitidez de seus limites. Não é demais insistir na ideia central deste livro: que o "não" é o demarcador de limites por excelência. Em assim sendo, não há como manter limites claros sem se valer dele. E, pelo contrário, não há como não se sentir desrespeitado, invadido, abusado, explorado e sem identidade se não dominar a arte de dizer o "não" assertivo, oportuno e na justa medida. Qual o sentimento bate quando se conclui em determinado momento que, de fato, não sabe quem é vive para agradar os outros? Será uma mistura de sentimentos, mas, entre eles, sem dúvida, identificará frustração, culpa e... isso mesmo: raiva de si mesmo.

"Foi assim que eu cheguei para o primeiro atendimento, lembra, Doutor?, perguntou Sônia "contido-inseguro", e já emendou a resposta: "Um borrão, aliás, melhor, um mata-borrão[15] ambulante e sem bordas definidas. Um mata-borrão que só fazia absorver os excessos de tintas das pessoas à minha volta. Gostei da analogia. Ela continuou:

"Eu era um poço de ressentimento salobro cujos eflúvios atiçavam meu rancor, que só fazia mal para minha pessoa". Já contei que Sônia era professora de português antes de se aposentar?

Raiva, Ok. E aí? O que fazer com ela? A raiva, como a ansiedade, é uma emoção energizante, ou seja, ativa, move e, quando fora de controle, destrói. A pessoa que não canaliza essa energia, explode ou implode. Ao invés de se agredir, de se punir mentalmente, melhor seria compreender a origem da raiva e aproveitá-la como combustível de ações construtivas, direcionadas por uma atitude amiga para consigo.

15 Mata-borrão era o nome de um tipo de papel absorvente utilizado para eliminar o excesso de tinta de escrita (na época em que se utilizava canetas de pena) antes dela borrar o papel de carta.

Frustração e ressentimento

O não saber dizer “não” costuma ter uma causa pouco visível: a dificuldade para receber um “não” como resposta. Ao se interpretar que um “não” significa “tal pessoa não gosta de mim e por isso não atende ao meu pedido” será mais custoso e sofrido fazer solicitações. A partir desse entendimento, a lógica é simples, mas torta: se não peço, não corro o risco de me dizerem “não”. O problema é que a pessoa que evita fazer solicitações por conta desse raciocínio pode achar, no seu íntimo, que exatamente por fazer poucos pedidos seria maior a chance de uma resposta positiva quando fizer algum. Sua expectativa de que receberá um “sim” cresce com consequente aumento do risco de se frustrar se ela não for atingida. Esse é um lado da moeda.

O outro lado torna-se visível quando não dizemos “não”. Geramos ressentimentos ocultos em relação àqueles que nos pedem coisas. Isso porque, ao invés de reconhecer e enfrentar nossa dificuldade para negar demandas, aborrecemo-nos com o descaramento das pessoas que insistem em fazer solicitações. Passam pela cabeça pensamentos do tipo “tal pessoa deveria perceber que estou no limite”, “ela não deveria me pedir isso” ou “como pode ser tão insensível e folgada? “O ressentimento cresce, alimenta o mau humor e não raramente se expressa como explosões de descontrole emocional que, por sua vez, afetam negativamente as relações, minando-as pouco a pouco.

Colocando de outro modo, e valendo-me de uma analogia feita por James Altucher em *The power of no* (2014), a incapacidade para dizer “não” de maneira correta e oportuna para se defender de abusos e proteger seu bem-estar leva a um estado de espírito semelhante ao que se experimenta quando se percebe que no seu prato de sopa tem uma mosca. Não adianta colocar mais água ou mais condimentos. Tem uma mosca no prato de sopa que seria sua refeição, que custou para ser preparada e que é o que você tem para comer. Nesse cenário, são duas as alternativas: continuar comendo como se nada fosse ou jogar fora a sopa, lavar o prato e preparar outra refeição, mesmo que bem mais simples e não tão nutritiva, mas, pelo menos, saudável.

Raul "contido" conta uma passagem que ilustra bem essa dupla consequência da dificuldade de dizer "não". Ele é o mais novo de cinco irmãos (dois homens e três mulheres). Formou-se bacharel em Direito graças ao esforço dos irmãos mais velhos (das irmãs, para ser justo, porque o irmão, o mais velho de todos, se casou cedo, mudou de cidade para trabalhar na empresa do sogro, e não participou dessa fase de investimento familiar na carreira do mais novo). Esse esforço dedicado valeu a pena. Raul é um profissional bem-sucedido, referência regional na sua área de atuação. E todos estão muito satisfeitos, felizes e contentes. Só o irmão que não. Já está lhe devendo algo em torno de 100 mil reais, referentes a empréstimo para arcar com os gastos da faculdade e moradia da filha em outra cidade, que já admitiu não ter como pagar, e ainda ficou muito magoado quando Raul disse que não poderia "emprestar" os 200 mil reais que ele agora pedia para reformar a casa. Não o fez com desenvoltura, mas sim em meio a mix de emoções do qual faziam parte a surpresa, o constrangimento, o receio de magoar o irmão, a raiva – essa, bem disfarçada, e, evidentemente, bastante ansiedade.

"Fazia vista grossa, mas agora não dá para negar que para ele eu sou um cifrão. Só liga quando precisa de algo ou para pedir dinheiro. Do contrário, nem atende minhas chamadas. É um cara-de-pau ressentido insaciável, complementou, frustrado ao pensar que, antes de entender que o irmão é interesseiro, teria 'emprestado' o que ele havia lhe pedido se tivesse o montante disponível.

"Como assim?", perguntou a irmã que mora com ele. "Parece que não aprende!"

"Pois é. Aprendo sim, mas devagar, falou, meio incomodado."

Algum tempo depois, já com o ocorrido bem elaborado, me disse:

"Se o alívio que estou sentindo por ter esclarecido e resolvido isso dentro de mim for proporcional ao quanto eu me violentava, o que eu fazia comigo era brutal."

Eu gostei desse raciocínio dele. Faz todo o sentido estimar — a posteriori — o tamanho do desgaste vivido com base no alívio que se experimenta quando seu modo de se relacionar muda no sentido de proteger seu halo de invasões e fazer valer os seus limites. É dentro deles que se dá o seu verdadeiro desenvolvimento.

Aumento da ansiedade

Sendo a ansiedade a emoção predominante em situações de impasses, em momentos de decisão e um sinal de alerta em situações de risco (reais ou imaginárias), não é difícil compreender que esteja presente em níveis altos quando se faz necessário dizer "não". A repercussão dessa ocorrência normal, mas desagradável – a ansiedade é uma emoção incômoda por definição –, depende basicamente de dois fatores inter- relacionados. Um é a intensidade com que ela se manifesta, pois, a partir de um limiar, variável de pessoa para pessoa, a ansiedade mais atrapalha do que ajuda. O outro é a desenvoltura para identificá-la, compreender seu significado e sua função e para tolerá-la; a habilidade no seu gerenciamento; e, finalmente, a capacidade de valer-se dela no relacionamento interpessoal. Afinal, a ansiedade bem administrada é estimulante – ativa nossos sentidos, clareia as ideias e aumenta nossa perspicácia – e valiosa aliada no encaminhamento do diálogo que precede o "não".

Os "inseguro" são, por natureza, mais ansiosos. Ansiedade e insegurança andam de mãos dadas. Donde se conclui que o bom manejo da ansiedade é desafio inescapável no processo de desenvolvimento da assertividade.

É isso! Demorou, mas a ficha caiu, Doutor, falou de estalo Nilda "inseguro" em uma de nossas conversas. Presenciei um verdadeiro "momento eureca", o exato instante em que ela compreendeu algo que há tempos interferia no seu comportamento e nas suas atitudes (entre elas, a dificuldade sempre presente de dizer "não"), mas que não lhe estava claro. Consequentemente, sentia-se impotente. Como enfrentar algo desconhecido? E qual foi o insight que ela teve? Ela mesmo explica:

"Agora entendi que o mal estar enorme que eu experimentava enquanto pensava em que resposta dar ao que me haviam pedido, e as consequências terríveis que ela poderia ter — sim, porque só pensava em catástrofes: brigas, rompimentos, rejeição e até em tragédia (o modo como ela se referia à possibilidade de suicídio) — era manifestação de ansiedade. E para acabar com aquele sofrimento, com a angústia que me perturbava o sono, já dizia "sim" logo de uma vez. Sabia que não era o correto a fazer, que estava excedendo meus limites — e agora entendo que isso também aumentava a minha ansiedade, como um sinal de que não era para ir por ali".

E continuou o raciocínio:

"O alívio, em primeiro lugar, e a satisfação que sentia com a alegria do outro na hora em que eu concordava com o que ele me pedia, me eram muito prazerosos."

"Sim. Mas sempre era um prazer fugaz", não pude deixar de sinalizar. "E essa dinâmica que descreveu lembra muito a de um viciado em droga", falei com o intuito de fisgar a atenção dela.

"Como assim?", perguntou ela, surpresa e desconcertada.

"Assim", respondi. "Enquanto o dependente está administrando o conflito entre a vontade de consumir droga mais uma vez, apenas uma vez mais, a última vez, e não o fizer, a ansiedade vai às alturas. Ceder à tentação, ao autoengano de que dessa vez vai se controlar e usar a droga trará alívio imediato, mas depois dará lugar à ressaca moral que machucará ainda mais a já combalida autoestima".

Ela ficou chocada.

"Eu? Agindo como uma drogada?", perguntou, mais para si mesma do que para mim. "Caiu outra ficha, doutor. Não só passei a ter uma ideia do que se passa com um dependente de drogas, como também de que preciso lidar melhor com o aumento da ansiedade que sempre ocorre quando quero dizer 'não' para alguém".

SÍNDROME DO BOM SAMARITANO

O bom samaritano é uma pessoa que voluntariamente ajuda alguém em dificuldade.

O termo se originou de parábola do Novo Testamento da Bíblia[16]. A narração é sobre um Samaritano (um habitante da Samaria, região montanhosa do Oriente Médio, situada entre o que hoje são os territórios da Cisjordânia e de Israel) que parou para auxiliar um homem que havia sido assaltado e ferido, enquanto outros, inclusive religiosos, passavam ao largo, ignorando-o. Já o que eu denomino síndrome do bom samaritano acomete quem é prestativo e passa a ser visto como "pau pra toda obra", como alguém que "gosta de ajudar" e nunca se queixa. Em outras palavras, alguém que não domina a arte de dizer "não" para demarcar seus limites de atuação.

Roberto "agressivo" não é má pessoa. Até pelo contrário: é do bem, e até brincalhão quando não pressionado a dizer "não". Nessas situações, melhor sair de perto porque ele apela. Mas, fora isso, é divertido, exímio contador de piadas e um gozador. Tanto que sempre que presencia alguém pedindo para o sobrinho, Paulo "inseguro-safo", fazer algum favor, diz:

"O Paulo gosta. Pode pedir que ele faz. Seja o que for. Tirar leite de vaca, trocar uma lâmpada, levar alguém a algum lugar, dar banho nos cachorros, cortar a grama..."

Paulo sorria amarelo quando seu tio Beto falava assim, o que era algo recorrente. Tanto porque era frequente pedirem para ele fazer as coisas

16 Lucas 10:30-35.

mais esdrúxulas quanto porque ele de fato tinha dificuldade de colocar limites na sua disponibilidade e atendia à maioria das solicitações. Mesmo sendo um "safo", não se safava da maioria dos pedidos, a não ser quando se recolhia ao seu quarto e não participava das conversas.

Mesmo na ausência dele, a expressão "o Paulo gosta" pegou. É uma vítima da síndrome do bom samaritano, cujo "quadro clínico" não para por aí. Existe o outro lado da moeda, ou seja, a impressão (cômoda) de que, por ser tão prestativo e desenvolto na resolução das tarefas, ele não precisa de ajuda para fazer suas coisas. Sendo inseguro e tímido, já não pede. Acha que alguém se oferece? Claro que não. Afinal, o Paulo gosta.

Não raro a pessoa acometida pela síndrome do bom samaritano se exaure à míngua. Isso porque, em dado momento, se sentirá fisicamente exausta, emocionalmente ressentida, estressada e amargurada. Em termos de relacionamentos, concluirá que tem sido explorada e pouco valorizada. Financeiramente, já vi acontecer, pode resultar em aperto e até endividamento. Espero que essas possibilidades de desfecho sirvam de estímulo para a mudança; para encarar como algo necessário o desenvolvimento da habilidade de dizer "não". Afinal, cuidar de si deve vir em primeiro lugar, para que você possa cuidar de quem gosta e zelar outras pessoas.

Entenda bem, não há problema algum em ser generoso, atencioso e cuidadoso com os outros, mas evite fazer isso sozinho. Quando o trabalho ou mesmo o sacrifício é compartilhado seu peso é menor. Além disso, na própria parábola contada por Jesus, o Samaritano não agiu só. Ele iniciou os cuidados da pessoa ferida, mas depois contou com o auxílio de um estalajadeiro para dar continuidade ao tratamento enquanto seguia viagem.

"O que custa?". Já se fez essa pergunta ou ela já lhe foi feita por alguém? Muito provavelmente, sim. O "preço" pode ser alto. Muito mais do que se imagina.

Caso não se diga "não" às solicitações abusivas, ou mesmo ao excesso de pedidos razoáveis, e se não nos conscientizarmos do quanto é importante dizer "não" às propostas recorrentes para se fazer mais e mais coisas, mesmo que elas sejam de nosso interesse, o risco de um esgotamento é real. De acordo com Herbert Freudenberger[17], que cunhou o termo burnout, o adoecimento desenvolve-se lenta, silenciosa e perniciosamente por um longo período, em geral em pessoas que insistem em atingir metas irreais impostas por elas mesmas ou por outras pessoas, ou seja, naquelas que não respeitam seus limites. As manifestações que comumente ocorrem antes do total colapso físico e psíquico são a fadiga; o embotamento afetivo; o distanciamento do seu verdadeiro eu, traduzido por tédio e diminuição da reatividade às ocorrências externas; e o questionamento se o esforço para desempenhar atividades e manter amizades vale mesmo a pena. Detalhe: segundo Freudenberger, a própria pessoa não se dá conta do que se passa com ela, mostrando-se irritadiça e impaciente quando lhe chamam a atenção para sua mudança, atitude que ela interpreta como mais um indício de que não gostam dela e não a compreendem, fato que, consequentemente, aumenta seu mau-humor e a intensidade de seus questionamentos sobre o sentido da vida[18].

---

17 Psicólogo estadunidense nascido na Alemanha, pioneiro no estudo do esgotamento vivencial e profissional.

18 FREUDENBERGER, H. *Burn out: The high cost of high achievement. What it is – and how to survive it.* New York: Bantam Books, 1980, p. 61-67.

Espero que tenha lhe ficado claro que duas das consequências de não colocar limites, de não respeitá-los se os determinou, de não dizer "não" em situações de impasse, colocando os outros e os interesses deles na frente dos seus próprios, são a ocorrência de elevado consumo de energia mental (necessária para passar por cima de suas necessidades; socar conflitos lá para o fundo de sua consciência e mantê-los por lá, violentar seus valores; negar que tudo isso é um problema; e seguir em frente como se nada tivesse acontecido) e de transbordamento emocional, causa de boa parte dos sintomas citados no parágrafo anterior.

Quem não sabe dizer "não" acaba aceitando tarefas além da própria capacidade, chamando para si responsabilidades que pertencem a outros e assumindo culpas que não lhe pertencem. Tal pessoa é vista como sempre disponível e muito produtiva enquanto consegue dissimular o desgaste que experimenta. Freudenberger a denominou o tipo que se recusa a ouvir o próprio corpo[19]. Por estar convencida de que deixar o outro feliz é mais importante que cuidar de si, a pessoa desconsidera suas próprias necessidades e, com o passar do tempo, esgota suas reservas e entra em falência energética e afetiva.

"Era o que eu tinha quando procurei auxilio, só não sabia que era esse o nome. O que sentia era um esgotamento total, estava 'só o pó da rabiola', como se dizia antigamente. De novo, Sônia "contido-inseguro". Não me causou estranheza ela aparecer tanto neste capítulo sobre as consequências nocivas de não dizer "não" para defender seus limites e sua integridade física e mental.

Do que escrevi nesses últimos parágrafos pode-se concluir que o "não" bem colocado é fator de proteção contra o esgotamento; é um ato de autocuidado, de gestão emocional e de responsabilidade para com o próprio corpo. Em síntese, dizer "não" não é egoísmo, é autoconhecimento e autorregulação; não é fraqueza, é inteligência emocional e

19 Idem, p. 44.

conexão consigo mesmo; e não é simples recusa, é escolha consciente do que lhe parece melhor.

Transtornos mentais

"Espere um pouco. Tempo! Será que entendi bem? Incapacidade de dizer 'não' pode causar transtornos mentais? Será?"

Imagino que essas dúvidas – e variantes dela – tenham surgido em sua mente. De fato, não acredito nisso e nem é o que estou afirmando. Na verdade, a incapacidade de dizer "não" pode até contribuir para o desenvolvimento de um transtorno mental – reação de ajustamento, esgotamento (burnout), transtorno de estresse pós-traumático, depressão leve e mesmo transtorno de pânico, mas não é condição suficiente nem necessária para que isso ocorra. Explico melhor.

Os transtornos mentais têm origem multifatorial. Essa formulação é muitas vezes empregada quando não se sabe direito o que causa o problema e, em psiquiatria, mais do que nas outras especialidades médicas, ela é a pura expressão da verdade. São vários os fatores que contribuem para o desenvolvimento e a manutenção de um transtorno mental: genéticos, ambientais, interação entre a genética e o meio ambiente, abusos na infância e ainda estresses agudos, crônicos ou recorrentes.

Nenhum dos personagens que criei para exemplificar as dificuldades causadas pela dificuldade de dizer "não" apresenta transtorno mental. Por esse motivo, relatarei dois casos clínicos, cujos dados de identificação são fictícios, para ilustrar situações em que a impossibilidade de dizer "não" contribuiu para a gênese de transtornos mentais, especificamente transtorno de pânico (caso 1) e depressão (caso 2).

Caso 1: "M", sexo feminino, 38 anos, casada, bom relacionamento conjugal, dois filhos (uma jovem de 17 anos e um menino de 12 anos), dona de casa. Chegou para atendimento relatando crises de ansiedade caracterizadas por sensação de que "a pressão estava baixa", de que iria desmaiar, acompanhada de falta de ar, tonturas, fraqueza nas pernas, "estômago enjoado" e "apavoramento", que ocorriam nas horas mais variadas, "vindo do nada", e que muitas vezes fizeram com que ela procurasse um pronto socorro.

Ou seja, um quadro de crises de ansiedade extrema, espontâneas e imotivadas, bastante característico de transtorno de pânico.

Não fui o primeiro psiquiatra que ela procurou. Na verdade, segundo ela me disse logo na primeira consulta, era o quinto. Os anteriores diagnosticaram o transtorno de ansiedade e nada mais fizeram do que medicá-la, sem sucesso. Como também é característico do transtorno, as pessoas acometidas são bastante sensíveis aos efeitos colaterais dos remédios, sendo que alguns até mimetizam manifestações de ansiedade (boca seca, tonturas, enjoo, taquicardia).

Fui o primeiro psiquiatra, entretanto, que se interessou pela pessoa que apresentava aqueles sintomas clássicos de transtorno de pânico, que quis saber como era a rotina dela, a organização familiar, os apertos por que ela passava, as inseguranças que tinha e assim por diante. E aí não foi difícil perceber que seu quadro de ansiedade se devia, em boa parte, ao desgaste acumulado pelas incontáveis tarefas que desempenhava desde sempre – mas que foram aumentando em número e complexidade com o passar do tempo – por não conseguir dizer "não". Nas palavras de M:

"Sempre fui de fazer tudo por todos. Não consigo dizer 'não' para minha mãe, e ela se tornou cada vez mais dependente de mim para tudo. Tem dia que estou cansada, que gostaria de falar um 'não', mas não consigo. O que me pedirem eu faço."

Para mim, ficou claro — e depois minha hipótese se confirmou — que as crises de pânico eram como um sinal de alerta indicando que do jeito que estava não podia continuar, que M precisava tomar uma atitude, mudar seu modo de se relacionar com as pessoas. Só que ela precisava de alguém que decodificasse essa mensagem e não que simplesmente desligasse o sistema de alarme como se ele estivesse com defeito.

Meu bom amigo Mário Eduardo Costa Pereira[20], no livro *Pânico e desamparo* (1999), correlaciona os ataques de pânico com "um esforço do psíquico para situar-se diante de uma terrível verdade, descoberta sem que estivesse preparado para tolerá-la: a da falta de garantias definitivas para tudo o que está ancorado na linguagem; um ataque de pânico tenta 'fazer alguma coisa' para tornar subjetivamente apreensível esse horizonte de desamparo sobre o qual se desenrola o funcionamento psíquico da pessoa em determinadas situações da vida."

E eu lhe asseguro que a incapacidade de dizer "não" do jeito adequado e na hora oportuna contribui enormemente para essa sensação de desamparo que, não poucas vezes, evolui para um transtorno de pânico. E mais: que só tomar medicamentos jamais dará conta de controlar totalmente o quadro. Para se resolver situações assim há que se tomar também atitudes. De preferência com método e sob supervisão, para que não haja desperdício de energia e aumento da sensação de solidão, abandono e esquecimento.

Caso 2: "O", sexo feminino, 62 anos, casada, relacionamento conjugal maduro e harmonioso, um filho cursando medicina veterinária e morando fora, professora universitária. De origem humilde, a mãe era empregada doméstica e o pai, caseiro de um sítio, viveu infância e adolescência submetendo-se aos desmandos do pai e ao negativismo da mãe, deprimida crônica. O pai nunca foi violento, mas, nas palavras de O: "distante, ignorantão e machista".

Ambos os pais eram semianalfabetos. É a mais velha das três filhas deles e, consequentemente, aquela com quem os pais pegaram mais pesado em termos de criação: desde muito cedo arrumando cozinha — "lembro-me de, com nove anos, lavar a louça das refeições em cima

---

20 Psiquiatra e psicanalista; Professor Titular em Psicopatologia Clínica pela Université de Provence/Aix- Marseille I (França) e professor associado do Departamento de Psicologia Médica e Psiquiatria da UNICAMP.

de um caixote de madeira para alcançar a pia", limpando casa, cuidando das irmãs mais novas e das criações (galinhas e porcos).

Apesar do bom desempenho na escola, o pai não via sentido em ela estudar, muito menos fazer faculdade, que ele dizia que "não era para o bico dela", já que, na visão dele, o melhor futuro para as filhas seria um bom casamento. A mãe, movida por inveja dela, hoje se sabe, a prejudicou muito.

Aqui um parêntese para quem estranhou a afirmação acima – que a mãe de O, movida pela inveja, lhe fez muito mal. Isso acontece sim! Não é regra, mas também não tão raro a ponto de ser exceção. No "A grande obra" (2016) tratei da inveja e de outras emoções que podem se tornar obstáculos ao nosso bom funcionamento, de modo que aqui vou ser breve: a inveja é o sentimento de desgosto, pesar e ressentimento pela percepção de que o outro tem algo que o invejoso não tem, mas deseja ter. Na sua acepção mais primitiva, a inveja é destrutiva. Reduz-se à seguinte formulação: se eu não posso ter, nem para mim nem para você. Tudo bem até aqui?

Pois bem, a mãe de O verbalizou que ela não iria brincar com as amiguinhas porque ela (a mãe) não havia tido oportunidade de brincar quando criança, que ela não iria sair para ir ao cinema ou par ir a uma festa – quando O já era adolescente – porque ela (a mãe) nunca fizera aquilo quando tinha aquela idade, que o pai não devia lhe dar um presente porque ela (a mãe) nunca ganhara presente do pai. Entendeu? Se eu não tive, você também não pode ter. Nem para mim nem para você. E O obedecia calada, engolindo tudo. Seu reservatório de mágoas foi aos poucos se expandindo com acontecimentos desse tipo.

Não foi só desse modo – privando-a de prazeres que ela não tinha tido e incutindo sentimento de culpa – que a mãe de O minou a autoestima dela. E das irmãs dela, diga-se de passagem, mas isso é outra história. Ela não desperdiçava oportunidade de dizer para O que ela era feia, desengonçada, retardada e fedida. Imagina o abalo que causa em um filho esse tipo de atitude da mãe? Pois é. Mesmo assim, O passou no vestibular para Farmácia numa faculdade pública. A saída da casa dos pais para estudar foi sofrida, porque ela o fez contra tudo e todos.

O que deveria ser celebrado como a maior conquista da família – a primeira a entrar em um curso superior – foi muito mal recebido. Apesar disso, conseguiu. Terminou o curso, se casou, se separou, passou em um concurso, começou a trabalhar, se casou de novo, teve um filho, mas tudo com enorme dificuldade. Ela saiu da casa dos pais, mas a casa dos pais não saiu dela; a dinâmica perversa que permeou toda a sua criação havia sido introjetada. Sua mente era um campo de batalha entre o exército do negativismo e o do seu lado são. O incrível é que mesmo em meio a esse conflito interno foi galgando os degraus da sua carreira. Apesar do progresso pessoal e profissional, sentia-se inadequada, se rebaixava, dizia-se uma farsa, que mais cedo ou mais tarde seria desmascarada, que merecia todas as humilhações que sofria e que, no fundo, até buscava.

Quando conheci O seus pais ainda eram vivos e ela mantinha com eles relação bastante ambivalente. Queria vê-los de tempos em tempos, ajudava-os financeiramente, mas sofria antecipadamente com os comentários corrosivos que a mãe invariavelmente fazia quando a via.

"Ela dizia que eu estava gorda, que a roupa que usava não era apropriada, que eu estava podendo por usar aquele sapato, que minhas risadas lembravam-na de uma sem-vergonha que morava perto dali e muitas coisas mais. Todas negativas. Nunca fez um elogio. Meu pai? Esse, coitado, sempre viveu sob o jugo dela. Demorou, mas me dei conta de que inclusive as broncas que ele dava na gente e os castigos que ele aplicava eram a mando dela."

Clinicamente, o diagnóstico de O. era de depressão crônica e, sem a menor dúvida, a absoluta incapacidade para dizer "não" que trazia consigo contribuíra para o desenvolvimento do quadro. Tanto isso é verdade que começou a melhorar mesmo quando, graças a muito esforço, passou a exercitar o "não". Primeiro com os alunos, depois para os colegas do trabalho, para o filho, para o marido e, finalmente, para a mãe. Lógico que precisou também de antidepressivos, que toma até hoje.

Difícil imaginar que teria saído do fundo do poço em que se encontrava sem a ajuda deles. Felizmente, O conseguiu resolver-se antes do falecimento da mãe, com quem até chegou a ter interações mais saudáveis. Graças ao tratamento que realizou, baseado na associação de psicoterapia e farmacoterapia, ficou em paz depois da morte da mãe, livre do sentimento de culpa que trazia consigo por não gostar dela.

Observe que em ambos os casos, bem como nos outros relacionados com a incapacidade de dizer "não", o transtorno mental se instala aos poucos, como consequência do acúmulo de tarefas, de frustrações e de abusos relacionados à não demarcação clara dos limites da pessoa.

Uma analogia de que costumo me valer para facilitar a compreensão desse efeito cumulativo é com pagar contas que chegam inesperadamente. Por um tempo você até conseguirá pagá-las, mas vai consumindo sua reserva. Se não der um jeito de acertar suas finanças logo ficará no vermelho, pagará juros sobre o negativo na conta bancária ou sobre as parcelas do cartão de crédito até decretar falência. Nessa comparação, a falência é equivalente ao surgimento de um transtorno mental.

Obesidade

A obesidade (e os problemas metabólicos decorrentes dela) é o mal do século XXI. Nem sempre ela é só um problema metabólico ou comportamental. É também — e profundamente — uma expressão do silêncio emocional, da dificuldade de demarcar limites e da dificuldade de se afirmar.

É clássica a interpretação de que a incapacidade de dizer "não", o acúmulo de frustrações e de ansiedade são fatores contribuintes para o desenvolvimento e a manutenção da obesidade. Colocado de outro modo, comer e engolir muita coisa como válvula de escape de ansiedade, engorda. Não acredito que essa dinâmica esteja presente em todos os casos de obesidade, mas sem dúvida se aplica a alguns.

Além dessa faceta psicológica, digamos assim, de simbolicamente "engolir" muita coisa (emoções, sentimentos, desejos, mágoas), não se pode negar o lado mais concreto dessa doença. Não é meu intuito supersimplificar as coisas, bem sei que a obesidade tem origem multifatorial, mas ela tem também a ver com a incapacidade de dizer "não" para a comida em excesso, ou para alguns tipos de alimentos ou bebidas, ou ainda para cuidados necessários em função das alterações endócrinas e metabólicas que a acompanham.

Sônia "contido-inseguro", irmã do Raul "contido", desde sempre, como ela própria costuma dizer, brigou com a balança. Ela é um bom exemplo de como a incapacidade de se posicionar dizendo e sustentando "nãos" afeta o modo como a pessoa se alimenta, se cuida e lida com as próprias emoções.

Já vimos que a incapacidade de dizer "não" leva ao acúmulo de frustração, raiva e ressentimento. Essas emoções, não expressas, são internalizadas sob pressão de modo que uma válvula de escape se faz necessária. Comer, nesse contexto, representa consolo, compensação e, ao mesmo tempo, autoagressão. Lembre-se de que culpa automaticamente desencadeia um castigo.

"Nunca comi tanto como durante a reforma da minha casa. Não conseguia dizer 'não' para o pedreiro, que me enrolou até, e dizia 'sim' para os bolos e doces caseiros". Adivinha quem é? Sim, ela própria, Sônia "contido-inseguro".

Uma outra maneira pela qual não saber dizer "não" se relaciona com ganho de peso é mais direta. Quem não se sente à vontade para recusar come o que os outros querem que ele(a) coma, na hora que eles querem e na quantidade estipulada pelos outros. Isso porque nessas interações, a comida deixa de ser alimento e se transforma em meio de agradar (ou de não desagradar) o outro.

Também pouco considerada é a "alça longa" que relaciona não se posicionar como se deve com o aumento da ingesta ou a ingesta inadequada de alimentos, principalmente de ultraprocessados, levando à obesidade. Quem vive para os outros se sobrecarrega, vive correndo, dorme mal e não cuida de si como deveria, pois não se coloca em primeiro lugar. Consequentemente, come o que dá, demais e rápido, sem avaliar nível de fome e de saciedade. Em regra, isso acontece mais no fim do dia, quando a ansiedade, a frustração e a fadiga são maiores, ou seja, no pior período do dia para se comer mais, mesmo que coisas saudáveis. Há casos em que o sobrepeso e mesmo a obesidade são claramente uma forma de defesa contra abordagens de pessoas do sexo oposto. Nilda "inseguro", uma mulher muito bonita, mas que engordou uns bons 15 quilos depois da separação, tem algo a dizer sobre isso.

"Ao mesmo tempo que gostaria de encontrar um companheiro, tenho medo de me dar mal, de ser enganada e de ser infeliz. Sei que é mais fácil entrar num relacionamento do que sair dele. E sei que não emagreço porque, mais magra, seria mais assediada. Ainda não estou preparada para enfrentar essa pressão. No máximo, converso com homens por aplicativos. Já faz meses que falo com alguns, mas a coisa empaca quando começam a falar de encontros presenciais.

Enquanto ainda não consigo me defender com posicionamentos claros, uso meu corpo como escudo. Meu maior problema são os homens que dizem preferir mulheres mais cheinhas, pois esses, além de não se afastarem, sentem-se atraídos por mim. O problema é que eu não estou bem comigo mesma, não gosto de estar assim, e não acredito que seja possível alguém gostar verdadeiramente de mim nesse momento."

Para alguns, essa dinâmica não despertará empatia, mas posso lhe assegurar que é acontecimento frequente, tanto em homens quanto em mulheres. Nesses casos, o excesso de peso age como barreira física da vulnerabilidade contra o desejo alheio e o assédio sexual. É um mecanismo de defesa desastrado, mas real, especialmente mulheres que foram muito cobradas, abusadas ou desrespeitadas ao longo da vida.

CAPÍTULO 6

VIRA, VIRA, VIROU (O "NÃO" QUE VIRA "SIM")

Exceção feita às situações descritas logo abaixo, que fique claro: "não" é para ser "não"! Deve ser sustentado. Às vezes, um "não" dito prematuramente para preservação de limites ou por não querer se comprometer antes de entender direito o que está sendo pedido vira "sim" depois que se obtém mais informações que fazem com que se mude de ideia quanto a algo inicialmente recusado. Isso costuma acontecer tanto em relacionamentos pessoais quanto nos profissionais. Se for ocorrência esporádica, não costuma ser prejudicial.

Pode também acontecer, e, aliás, é até desejável, que a pessoa mude de opinião à medida que amadurece. Alguém pode, por exemplo, resistir a uma ideia inovadora e depois, pensando melhor, aderir a ela. O "abrir a cabeça" que acompanha o exame da existência e o autoquestionamento naturalmente faz com que se passe a dizer "sim" para coisas que anteriormente não eram aceitas. Um exemplo? Pois não. O depoimento de Luísa "assertivo":

"Não faço mais nada correndo! Minha vida era muita correria. Curto minha rotina mais tranquila, conquistada a duras penas. Se botam pressão para algum programa já digo: 'nem vem, deixe-me pensar'. O 'não' para um ritmo de vida mais tranquilo foi substituído por um 'sim'."

À parte essas situações de exceção, um "não" afirmado deve ser mantido. Do contrário, quanto desgaste, quanta tensão e quanta energia desperdiçada. Fácil falar (escrever), nem tanto colocar em prática. No mais das vezes, quem lhe solicitou algo vai testar o seu "não": tentar persuadi-lo a mudar de ideia, insistir, contestar suas razões, pressionar, contornar seus argumentos e até fazer chantagem emocional.

Muitas das dificuldades para dizer "não" descritas no capítulo 3 são também motivos "inválidos" para se transformar um "não" em um "sim" resignado. Entre elas, vale a pena destacar a pressão de pessoas à sua volta, o medo de desapontar, o temor de não ser aceito e manipulação emocional bem-sucedida (feita por terceiros ou por você mesmo).

Lembre-se sempre: o "não" é o demarcador de limites por excelência. São os mourões que sustentam a cerca em torno do seu território. Se eles não forem grossos e não estiverem bem fincados no chão, independentemente da qualidade do arame que utilizar, a cerca será deitada e passarão por cima, ocupando seu espaço repetida e sistematicamente.

Como se verá existem mais dois tipos de conversão de "não" para "sim": a que se dá pelo cansaço e a que ocorre como resultado de um processo de negociação, que envolve convencimento e autoconvencimento. Em geral, a conversão pelo cansaço acontece quando há rendição aos argumentos do outro, mas não por que eles sejam bons e sim porque a insistência é tanta – e você já está tão cansado – que das duas, uma: cede para evitar conflito maior ou por exaustão cognitiva (Tá, tá, faça como quiser... que se dane).

Observe que após sua capitulação haverá transposição do limite anteriormente estipulado. Já a conversão pela negociação é o resultado de composição feita por ambas as partes. Se chegou até aqui, não vai se surpreender com a informação de que a conversão de "não" para "sim" terá consequências. Mas talvez seja pego de surpresa ao saber que elas nem sempre são negativas. Quando ela ocorre pelo cansaço, no mais das vezes gera ressentimento, abatimento da autoestima e exaustão. Além disso, pode reforçar dinâmica pouco saudável já vigente na interação com aquela pessoa. Por outro lado, quando a transição é fruto de negociação civilizada pode dar origem a satisfação, crescimento pessoal ou profissional, fortalecimento de vínculos de amizade e certa abertura para novas experiências e oportunidades.

O "NÃO" QUE VIRA "SIM" PELO CANSAÇO

Joana "inseguro", uma vez, disse-me que passou a dizer "não" como primeira resposta a tudo que pedia sua filha, Maria "passivo-agressivo", quando ela entrou na adolescência.

"Muitos, a maioria deles, viraram 'sim'. Pela insistência dela ou porque, pensando melhor, com mais calma e distanciamento, reconhecia que não teria razão para negar o que ela pedia", admitiu.

Se não se identificou com essa fala, das três, uma: não tem filho adolescente, ele faz tudo escondido ou não há diálogo entre vocês. Afirmo isso pelo simples fato de que o "não" é o pivô das relações humanas. É em torno dele que ocorrem as disputas, saudáveis ou nem tanto. A tensão existente entre Joana "inseguro" e Maria "passivo-agressivo" nada tem de exclusivo delas duas. Ela existe entre pais e filhos, notadamente entre pais e filhos adolescentes. Não é por outra razão que este livro tem um trecho dedicado à arte de dizer não para filhos. Quando eles entram na adolescência, fase de transição importantíssima da vida de um ser humano, em que se faz a primeira grande revisão de questões que ficaram pendentes até então, naturalmente lutam por mais autonomia, querem afirmar-se e impor suas vontades fundamentadas em direitos sem fim (deveres aqui são mero detalhe). Imagine se não houver "nãos" balizadores ao longo do processo. Ele, que já é trabalhoso e tenso por natureza, se torna ainda muito mais difícil. Trágico até.

O "NÃO" QUE VIRA "SIM" PELA NEGOCIAÇÃO

Essa questão de "não" que vira "sim", ou que é entendido como "sim" se a pessoa não o sustentar, é mais delicada em casos de contextos interpessoais, particularmente os sexuais. Aqui "não" é "não". O "sim" nesse contexto, o consentimento, em outras palavras, deve ser espontâneo, mas passível de revisão a qualquer momento, se desejado.

Evidentemente, que estamos falando de posicionamento de alguém que entende o que está acontecendo ou para acontecer. Do contrário, sem a menor dúvida, trata-se de crime de assédio, de abuso de incapaz (no caso de menores) ou de estupro.

Sônia "contido-inseguro", para minha surpresa, já que é muito reservada, pediu que eu incluísse aqui um relato dela.

"Perdi a virgindade com um professor. Ele era mais velho. Eu tinha 16 anos, e ele já era casado, mas não tinha filhos. Ele quem começou a escrever algumas mensagens. Fui dando corda. Não vou entrar em detalhes, mas gostei daquele jogo de sedução (dele) contra minha oposição (nunca absoluta) às suas propostas. Fui cedendo aos poucos até que aconteceu a primeira relação sexual. Não foi ruim. Ele foi muito cuidadoso.

Encontramo-nos várias outras vezes, e nosso caso só foi interrompido quando uma tia descobriu, totalmente por acaso. Ela nos viu juntos, saindo do motel em que ela estava entrando com o namorado. Aí as coisas, que vinham num ritmo gostoso, aconteceram muito rápido: ele pediu demissão, disse que era melhor não nos encontrarmos mais e sumiu do mapa.

E aí? Bem, aí foi difícil. Primeiro, porque fui obrigada a questionar se ele me amava como dizia, visto que agiu como agiu. Mais ainda depois que vi a reação das minhas melhores amigas quando ficaram sabendo. As duas, em momentos diferentes, demonstraram reprovação e desprezo por ele. Mesmo porque ficaram sabendo que ele tinha cantado outra garota da classe. Concluí que ele não foi honesto comigo e se valeu da minha ingenuidade fazendo promessas mil. Mas restaram algumas dúvidas: foi um 'não' que virou 'sim'? Foi um abuso?"

Não sei qual será sua opinião, mas no grupo de mulheres que escutou esse relato, do qual faziam parte Luísa "assertivo", Joana e Nilda "inseguro" e Maria "passivo-agressivo", houve um consenso: "sim" para ambas as questões. Foi um "não" que virou "sim" e foi um abuso, já que ele era mais velho, tinha mais experiência e estava em posição hierárquica superior. Esse foi um "não" que virou "sim" no médio prazo, depois de um bom tempo de "negociação" entre duas pessoas de níveis de amadurecimento diferentes, um adulto e uma adolescente.

No fim das contas, tanto o resultado emocional (positivo ou negativo) quanto o prático da conversão de um "não" para um "sim" têm relação direta com o grau de intencionalidade de quem cede. Voltou atrás porque queria (depois de solução negociada) ou porque desistiu diante da insistência e da postura apelativa do solicitante? Creio que concordará que no primeiro caso é mais provável que o encaminhamento seja mais satisfatório para ambas as partes enquanto no segundo, não. Quando muito, para uma apenas.

CAPÍTULO 7

O OUTRO LADO DA MOEDA

Dizer "não" em excesso pode ser um problema e é uma faceta do que estamos tratando neste livro que merece destaque, sobretudo porque o "não" é geralmente celebrado como sinal de autonomia, firmeza e assertividade. Entretanto, como qualquer recurso psicológico ou relacional, ele perde sua potência quando mal calibrado — e vira obstáculo quando usado indiscriminadamente.

Acredita ser possível viver em sociedade e se entender com as pessoas a fazer só o que quer, como quer, quando quer e a só falar "não", sem levar os outros em conta? Eu não. Isso é o contrário do que se espera que façamos para conviver civilizadamente e norteados pela ética.

Lembro-me de uma conversa na casa de campo de um amigo que ilustra o que estou querendo dizer. Lá estávamos, dois professores da Universidade de Estrasburgo, um de psiquiatria e o outro de neurofisiologia, conversando sobre as diferenças de gênero das palavras em francês e português. Um desavisado pegou o bonde andando, no ponto em que falávamos que em francês poltrona é masculino (le fauteil) e rio é feminino (la rivière), e "resolveu" o problema:

"Mas, então, é só inverter o gênero."

Só que não. Há palavras que são do mesmo gênero em ambas as línguas. Cachorro (*le chien*), cavalo (*le cheval*), cadeira (*la chaise*) e mesa (*la table*), por exemplo.

O mesmo impasse existe aqui. A solução para a dificuldade para dizer "não" não é falar "não" para tudo e para todos; não é pronunciá-lo sistematicamente e sem critério. Aliás, a meu ver isso seria mais nocivo do que errar muitas vezes tentando acertar. A tarefa é achar o balanço correto entre "sins" e "nãos". Aliás, o desafio é encontrar o seu ponto de equilíbrio na balança entre anuir e refutar.

SÓ DIZER "NÃO" OU DIZER "NÃO" DEMAIS

É fato conhecido: toda vez que se recebe algo de alguém, seja um favor, um gesto, um presente ou, por outro lado, um xingamento, uma bofetada, a vontade é retribuir. No mais das vezes na mesma moeda. João "safo", que já foi representante de vendas da indústria farmacêutica e hoje trabalha em uma concessionária de carros importados, conhece, como poucos, o que ele denomina "regra da reciprocidade". Com a palavra, o especialista:

"Uma pequena gentileza, uma atenção especial que você dispensa para uma pessoa, com segunda intenção ou desinteressadamente, isso não é o mais importante, gera nela o desejo de retribuição. Quando era representante de vendas da indústria farmacêutica, eu tratava bem os médicos que visitava. Até com certa subserviência, elogiava-os, deixava brindes, perguntava se queriam patrocínio para ir a algum evento científico, coisinhas assim. E aí? Aí que nem precisava pedir para eles prescreverem os medicamentos que eu propagava. Eles faziam isso naturalmente. Era uma maneira de retribuir a consideração que eu demonstrava por eles."

Tudo bem até aqui? Está bem compreendido o que João "safo" chama de regra da reciprocidade? Se não ficou claro, vai aqui uma descrição prática e sem rodeios dela: os relacionamentos humanos nada mais são do que relações de troca. Elas podem ser construtivas; de coisas boas e elevadas, que é o que se observa em relações afetivas maduras e saudáveis; ou destrutivas, nesses casos envolvendo trocas de agressões, hostilidade e ódio.

Observe que, como já dito, a transação em geral se dá na mesma moeda. Não dura muito o casamento em que um dos cônjuges dá carinho, beijos e mimos e só recebe do outro grosseria, tapas e maus tratos. Disso se conclui que só dizer "não" ou abusar dos "não" terá como consequência inevitável se escutar mais e mais "nãos". E isso se o interlocutor de quem assim procede se dignar a escutar o que se lhe pede.

Nunca dizer "não", jamais se recusar a fazer o que quer que seja nos torna refém dos outros, Por outro lado, dizer "não" sem critério, sem ao menos levar em conta as necessidades de outras pessoas, compromete o equilíbrio desejável na fronteira interpessoal.

Duas consequências mais de só dizer "nãos" rascantes: 1) não mais ser chamado para encontros de família ou para acontecimentos sociais depois de ter recusado o convite várias vezes; e 2) ser visto como chato, antissocial, do contra e enfadonho, algo que talvez não queira que aconteça.

O "NÃO" EGOÍSTA

Há também algumas situações em que "não" é dito por motivações pessoais não muito nobres e que se sobrepõem aos interesses de outros envolvidos, que, por estarem em situação adversa e enfraquecidos, não conseguem impor suas vontades. Quando Joana e Nilda "inseguro" contaram ao irmão que seriam personagens deste livro, também mencionando o seu conteúdo, ele perguntou se não seria didático o relato do que a mãe deles fez quando o marido foi operado da coluna. Elas, imediatamente, disseram que sim, com o que concordei. Conheço bem essa senhora. É boa pessoa, mas teimosa, ambivalente e um poço de mágoas. Antes de passar a palavra para as irmãs, uma introdução à situação dos pais delas se faz necessária. Tentarei ser breve e objetivo, o que não é fácil porque a relação desse casal daria um romance com passagens trágicas e cômicas.

Vamos lá. Depois de 50 anos de casados, a senhora (75 anos) resolveu que queria se separar porque estava muito infeliz e que não recebia a devida atenção do senhor seu marido (80 anos), que não entendeu nada. Estava aposentado havia 20 anos, provendo a casa com o dinheiro da aposentadoria e da previdência privada, viajando para pescar a cada três meses, saindo uma vez por semana com os amigos de uma vida, acompanhando à distância a vida dos filhos e netos. Sempre bem-humorado e disposto. Segundo as filhas, era exatamente esse o motivo do incômodo da mãe: o fato de todos gostarem dele, acharem-no muito bonzinho, sendo que, na visão dela, ele não era nada daquilo, havia tolhido muitas das iniciativas dela e nunca lhe dera o devido valor. As filhas sabiam que isso não era verdade.

"Ele a apoiou nas ações que ela empreendeu – e que não deram certo, resultando em prejuízo financeiro considerável, fato que ela nega terminantemente, mas que foi assim; raramente reclama dela para terceiros, exceto quando ela exagera na pressão por algo que quer muito; e sempre foi caseiro", conta Nilda "inseguro".

"O resumo que o doutor fez deu uma ideia do panorama quando aconteceu o que aconteceu", comentou Joana, "mas faltou dizer que ela saiu da casa em que moravam os dois, tanto fez que ele concordou em pagar o aluguel do apartamento para onde ela se mudou, e a situação se acomodou..."

"Isso", concordou Nilda, "e o jeito como a coisa evoluiu não nos surpreendeu, mas a ela, sim: os filhos e netos curtiam mais ficar com ele do que com ela, que ficou mais isolada."

"E cada vez mais azeda"

"E aí aconteceu o que aconteceu: quatro meses depois dessa separação, o pai sofreu uma queda e precisou fazer uma cirurgia. A mãe disse que ficaria com ele em casa no período de recuperação. Não quis saber o que ele preferia. Disse 'não' a todas as ofertas que fizemos, até porque não achávamos que ela seria a melhor pessoa para ficar com ele naquele momento.

O pai me disse que preferia revezamento de cuidadores homens que dessem conta de ajudá-lo a se movimentar, mas ela, mesmo sabendo disso, sustentou o 'não' a qualquer solução que não a incluísse ali com ele.

"E lembra o que ela disse para nós?"

"Como não? Primeiro que era o dever dela de esposa, assumido perante Deus, e que ninguém tiraria isso dela."

"Isso. E depois, quando ficou tudo acertado, num arroubo de satisfação, disse: 'agora ele vai comer na minha mão'..."

"E lembra da situação do pai?"

"Lógico! Assustado, fragilizado, impotente diante da imposição da mãe e apartado do processo de decisão. Até por isso nos organizamos – filhos e netos – para estar mais presentes nesse período. Até mesmo nosso irmão que morava em outra cidade veio..."

"É. No fim deu tudo certo."

Nesse ponto, faz-se necessário recuperar algo que escrevi antes (p.86): a distinção entre pensar primeiro em si, mas levando em conta os outros, e egoísmo — pensar somente em si; os outros que se danem. O que acha que estava por trás do posicionamento dessa senhora?

Acompanhei de perto o desenrolar dessa história. De fato, "no fim deu tudo certo", mas o nível de tensão a que esse senhor foi submetido pela imposição da esposa, a insegurança que ele experimentou de ficar a sós com ela, que seria (e foi) de pouca valia em situações em que força física fosse necessária, só eu sei dizer. Foi comigo que ele desabafou quando fui visitá-lo a pedido das filhas.

O irmão das "inseguro" tinha razão quando pensou que essa passagem seria muito útil. O "não" dito pela senhora não teve a ver com proporcionar conforto e segurança ao marido. Apesar de toda insistência em contrário, foi sustentado e fundamentado em egoísmo com pitadas de sadismo, algo chocante para todos.

"SINCERICÍDIO"

"Sincericídio" é um neologismo formado a partir da fusão das palavras sinceridade e suicídio para definir ocorrência em que alguém é tão autêntico na expressão do que pensa ou sente que acaba por se prejudicar perante colegas de profissão ou outras pessoas. É usado em expressões tal como "fulano cometeu 'sincericídio'" ou "na ânsia de ser verdadeiro, escorregou para o 'sincericídio'". É uma forma de comunicação que ignora a empatia, o contexto e o impacto da fala.

Muitas vezes, quem comete "sincericídio" está dizendo "não" a sutilezas, a filtros sociais, a considerações emocionais alheias — e isso pode comprometer relações e desgastar vínculos importantes. Importante observar que nem sempre ele envolve o uso direto da palavra "não", mas carrega seu espírito: é o "não" à mediação, à empatia, ao cuidado com o outro. É um excesso de verdade mal administrada, uma situação em que o "não" perde sua sabedoria e vira impulsividade travestida de franqueza.

Alguns exemplos corriqueiros: dizer que uma pessoa não tem o perfil para a carreira em que ingressou depois de muito esforço, fazer comentário depreciativo sobre a aparência de uma pessoa para ela, criticar a roupa que uma pessoa está usando quando ela não pode mais trocá-la.

Engana-se quem pensa que somente egoístas, arrogantes e os que se acham superiores aos demais cometem "sincericídio". Pode acontecer com qualquer um, lógico que por motivos diversos.

Roberto "agressivo", com seu jeito próprio de ser e pensar, explicou que "sincericídio" é quando você diz o que pensa "de verdade" de alguém ou de uma situação achando que está sozinho, em privado, e aquilo vaza de alguma maneira. Não é exatamente isso, mas a analogia dá boa ideia do embaraço que pode experimentar quem não sabe dizer "não" adequada e oportunamente. Isso porque, da mesma maneira que a explosão de uma caldeira pelo mau funcionamento das válvulas de alívio de pressão faz muito estrago, o "não" sem filtros também causa danos nas relações interpessoais, às vezes irreversíveis.

Maria "passivo-agressivo", filha de Roberto "agressivo" e de Joana "inseguro", vez ou outra experimenta esse desconforto.

Primeiro, porque ela é mesmo distraída e acontece de "pensar em voz alta", como ela própria descreve o que faz quando lhe chamam atenção:

"Não era para vocês escutarem, só pensei em voz alta."

É bem verdade que ao agir assim já faz jus ao nome dela. Mas, por se abster de verbalizar, não conversar com as pessoas, fica mais propensa a esses atos falhos que revelam o que ela pensa e tornam aparente a hostilidade que sente por algumas pessoas. Lógico que as consequências desses mal-entendidos são negativas e a maneira dela lidar com esse seu "jeito de ser", como ela diz, tem sido objeto de terapia, visto que dele resulta distanciar-se cada vez mais da desejada assertividade.

Segundo, porque o sarcasmo e a ironia regularmente embutidos em suas falas facilitam a ocorrência de "sincericídio". Maria "passivo-agressivo" com a palavra.

"Vou contar a última vez em que isso aconteceu. São tantas que já me esqueci da imensa maioria."

"Se seguir não registrando essas ocorrências vai continuar a não aprender com a experiência e a persistir no erro", disse eu. Não pude deixar passar a oportunidade. Ela foi pega de surpresa, não esperava essa minha intervenção, certamente pensou em falar algo, mas mudou de ideia e retomou seu relato.

"Estava na balada quando duas amigas chegaram até mim. Uma delas, apontando a outra, perguntou: gostou da produção? Eu, sem pensar, disse 'não'. Assim mesmo, curto e grosso. E disse mais. Que a maquiagem estava over, e as peças do conjunto não coadunavam. Ao expressar minha opinião dessa forma, sem filtros, acabei magoando ambas. Uma, porque não teria como trocar de roupa nem refazer a maquiagem; e a outra, porque foi quem sugeriu aquele conjunto e a maquiou. Imagine, depois dessa, continuar com elas, de cara feia, até a manhã do dia seguinte. Afastaram-se de mim depois desse incidente. Por que será?"

Hoje em dia, anos depois do divórcio, João "safo" e Nilda "inseguro" se entendem bem. Aliás, viveram bem por um bom tempo, mas o vínculo conjugal não cultivado terminou por se esgarçar. João "safo", constrangido, mas disposto a dar sua contribuição nesse tópico, com a autorização da ex-esposa, contou o que segue.

"Quando a Nilda disse que o melhor seria que cada um seguisse seu caminho, que as tentativas de manutenção não deram resultado e ela não aguentava mais, eu reagi mal. Fui sarcástico, falei que agora que ela tinha uma turma nova ficou mais fácil me deixar pra trás. E falei mais, que ela nunca havia me amado de verdade, que estava comigo aquele tempo todo porque era conveniente para ela porque eu era estável e previsível.

Lembro-me bem da reação dela: ficou chocada. Perguntava 'de onde você tirou isso? É mesmo o que pensa? Lamento saber'. Naquele momento apareceram minha insegurança, frustração e ressentimento na forma de acusação e julgamentos injustos. Nilda não merecia. E quem dera eu fosse estável e previsível."

Uma observação mais: denomino "sincericídio" os comentários ou falas que saem como um lapso, um ato falho ou por falta de filtro. Quando isso é feito propositalmente, por maldade ou chatice, esse termo não se aplica. Aí o mais correto seria considerá-la grosseria disfarçada de franqueza ou uma forma de agressividade travestida de sinceridade.

O BOM CAMINHO

PARTE 03

CAPÍTULO 8

A RESPONSABILIDADE IMPLÍCITA NO "NÃO"

Não sou daqueles médicos que dizem para os pacientes que eles "têm que" fazer isso ou aquilo – atividade física, parar de fumar ou beber menos, por exemplo – ou terão problemas de saúde. Não acredito que essa atitude seja útil para motivar as pessoas. A gente já faz tanta coisa porque "tem que" fazer, pois do contrário será penalizado, não é mesmo? Tem que pagar imposto, tem que votar, tem que seguir as leis, tem que respeitar a hierarquia etc. Fazer exercício, parar de fumar e beber menos não estão na categoria "coisas que temos que fazer", mas sim na das que "faremos se quisermos".

O mesmo vale para o "não" bem dito. Não é uma habilidade que você "tenha que" desenvolver; seja obrigado a fazê-lo. Dizer "não" não é algo que se faz porque "tem que", mas sim se quiser... e conseguir. Aqui, querer não é poder. Querer é melhor motivação para se dedicar a aprender. Se estiver convencido de que vale a pena vai se esforçar mais. Espero que essa leitura o ajude a se situar melhor quanto ao ponto em que se encontra no desenvolvimento dessa habilidade e que o auxilie a desenvolvê-la. A partir de onde está a ideia é que vá, no seu ritmo. Ao redigir essa última frase me lembrei de uma anedota que talvez lhe sirva de recurso mnemônico.

Um português (João) dava dicas ao seu conterrâneo (Manuel) sobre como agir em determinadas situações nos Estados Unidos. Poderiam perfeitamente ser dois brasileiros, mas o sotaque do português de Portugal torna a piada mais saborosa.

João fala:

"Manuel, o negócio é o seguinte: quando você vir escrito em uma placa *pull*, não pule, puxe; quando estiver escrito *push*, não puxe, empurre; e quando vir escrito *exit*, não hesite, vá!"

A mensagem a ser levada é: uma vez bem situado, persista no esforço para desenvolver a arte de dizer "não" sem hesitar, mas no seu ritmo. Cada um tem o seu. Se quiser e fizer isso, a coisa vai acontecer. Do contrário, porém, se for atrás disso por se sentir obrigado, a chance de perseverar e ser capaz de celebrar seu progresso é menor, porque a motivação é fraca e a meta, frustrantemente alta.

Responsabilidade para com os outros

Acredito que há uma responsabilidade moral em dizer "não" quando apropriado. Não é obrigatório, mas espero que ter consciência desse fato seja mais um estímulo para motivá-lo(a).

Há uma demanda crescente para que se pronuncie oportunamente essas três letras e o til em família, no trabalho e na sociedade como um todo. Quando deixamos de dizer um "não" necessário e balizador em família, as crianças crescem desregradas, as relações deixam de ser respeitosas e, não raras vezes, acontecem agressões. "Nãos" verbalizados com firmeza no ambiente de trabalho diminuem a ocorrência de assédio, fraudes e desvios de conduta. A falta de "nãos" na sociedade civil contribui para aumento da criminalidade e de vandalismo.

Insisto em três pontos que talvez não tenham ficado suficientemente claros: 1) sempre haverá consequências quando se diz e quando não se diz um "não" necessário; 2) as consequências de dizer "não" adequadamente podem ser irrelevantes, positivas ou negativas; e 3) o resultado da omissão quando um enfrentamento é necessário em geral é negativo. Eu sei, eu sei, é óbvio. Às vezes, contudo, é necessário relembrar e reforçar o óbvio. Vamos analisar com mais detalhes as categorias de consequências.

As positivas são as razões mesmo pelas quais se diz (ou se deveria dizer) "não".

Entre elas, destaco: proteger os que você quer bem, contribuir para o desenvolvimento de sociedade mais justa, combater o preconceito e proteger os bens comuns. As negativas têm a ver com alienar-se ou arrumar encrenca com algumas pessoas – não dá para agradar a todos, ou de ser visto como um pessimista que não participa de nada. As neutras são praticamente irrelevantes já que nada de ruim ou de bom deriva de seu posicionamento.

Entenda bem: se você já tem filhos, é educador(a) ou atingiu posição de destaque no seu ramo, sua responsabilidade é maior. Quer goste ou não, a dura realidade é que sendo mãe ou pai, professor(a) ou líder, você contribui, positiva ou negativamente, para a construção de uma cultura muito mais ampla do que seu pequeno raio de atuação. De que adianta reclamar dos políticos corruptos se você também acha normal fazer um caixa dois na sua empresa ou levar um "por fora" na sua atividade ou o jeitinho brasileiro? É, meus amigos, o buraco é mais embaixo. Definitivamente, a coisa é mais complicada do que se supõe numa olhada rápida e superficial.

Responsabilidade para consigo próprio

Querido leitor, permita-me perguntar: se você não pensar primeiro em si, quem vai fazer isso por você? Talvez algumas mães consigam colocar os interesses e o bem-estar dos filhos à frente do seu, e olhe lá. Melhor não contar que outro faça isso por você, mesmo que se lhe prometa. Pouquíssimas pessoas serão capazes, na hora do aperto, de pensar primeiro no outro. Pois bem, sendo essa a realidade dos fatos, é sua – e de mais ninguém – a responsabilidade de demarcar seus limites pessoais, suas fronteiras morais, a extensão de seu campo de atuação e a maleabilidade de seu caráter. Qual o delimitador? Essa você já sabe: o "não" bem dito.

Evidentemente, já que toda ação ou omissão tem consequências, dizer o "não" oportuno e necessário não é algo que se faça sem efeitos, desejados e indesejados. Os desejados são os que coincidem com as expectativas: respeito, anuência com seu posicionamento, satisfação pelo fato de ter se expressado de forma concordante e coerente com sua preferência, fortalecimento do amor próprio e melhoramento da sua assertividade. Esses todos e outros benefícios mais serão explorados em profundidade no capítulo 14.

Quando soube que esse tópico seria abordado no livro, Luísa "assertivo" perguntou se poderia dar uma contribuição. Achei ótima ideia.

"Modéstia à parte, poucos lidaram com tantos efeitos indesejáveis de dizer 'não' como eu."

"Verdade, concordou o marido, Marcos "assertivo", testemunha de vários dos acontecimentos que ela narrou.

"Já fui dispensada de um emprego de que gostava muito porque não aceitei suborno. E não foi assim, de cara. Primeiro, me fiz de desentendida, dei uma de morta, de burra até, tentando que entendessem que não seria conivente com aquilo, mas não teve jeito. Um dia, um dos diretores quase que desenhou o esquema para mim e perguntou se eu estaria dentro. 'Não', foi minha resposta. Ah, Luísa, então não vai ter jeito... E mandou o RH providenciar minha saída.

Fui assediada moralmente em outra empresa em que trabalhei. E não tinha quem pudesse me ajudar, a quem pudesse recorrer. Dei um basta dizendo 'não'. Foi um só! Mas também fui convidada a sair de lá.

Por ocasião das eleições de 2022, em que havia uma polarização bizarra entre Lula e Bolsonaro, disse 'não' aos excessos, tentei explicar que nenhum dos dois me representava e, por isso, fui bloqueada em grupos de parentes e no da turma da faculdade. Até hoje sou malvista por muitos deles.

Paguei caro por ter dito e sustentado 'não' quando meus irmãos falaram em interditar meu pai para antecipar o acesso ao patrimônio dele, alegando que ele já não era capaz de gerir seus bens, o que não era verdade. Por cinco anos mais ele continuou à frente dos negócios, mantendo a rédea curta, como sempre, mas lúcido e sagaz. Apenas não percebeu a falsidade de alguns filhos, que, na frente dele eram uns e, pelas costas, outros. E que fizeram a cabeça dele contra mim, dizendo que eu é que era falsa e traiçoeira.

Tive também que lidar com revolta do meu filho mais novo, que ficou inconformado quando o proibimos, o Marcos e eu, de fazer uma viagem de carro para o sul do país com três amigos mais velhos. O motivo dessa nossa decisão? O mal desempenho escolar naquele ano, a pouca idade — estava com 16 anos, o fato de não conhecermos bem os tais amigos, todos mais velhos e, principalmente, por acharmos que ele ainda era muito 'Maria vai com as outras'. Demorou para ele entender porque agimos daquele modo."

"E aí? Qual o saldo desses posicionamentos? Como se sente, considerando que o leitor estivesse curioso para saber?", perguntei.

"Muito positivo: eu de bem comigo mesma, satisfeita, desfrutando de sensação de plenitude harmoniosa por ter agido de modo coerente com meus princípios e meu modo de pensar."

Foi quando Sônia "contido-inseguro" fez o seguinte comentário:

"Não me lembro de ter tido que lidar com questões dessa natureza. Só com as consequências de não ter conseguido dizer 'não' quando achava que seria o certo para mim", disse, referindo-se ao conteúdo do capítulo 5.

Ciente de que dizer "sim" ou dizer "não" à solicitação inevitavelmente terá consequências, as que são passíveis de antecipação devem ser levadas em conta no seu processo decisório. Isso mesmo, mais uma coisa a se fazer. Por essa razão, por ser algo muito mais complicado do que parece à primeira vista, pedir um tempo para refletir antes de se posicionar é uma boa estratégia. Ela será vista com mais detalhes nos capítulos 14 e 15.

Capítulo 9

A importância dos limites

Por que limites são tão cruciais nas relações interpessoais e na nossa interação com o meio externo? Por várias razões, mas destaco as que considero principais e que já serão suficientes para fazê-lo refletir sobre esse aspecto da nossa vida. Primeiramente, porque são essenciais para a manutenção de nossa sanidade.

Se não fizermos por onde para protegê-los, incursões recorrentes no halo ocasionarão instabilidade emocional e mal-estar, cuja manifestação pode ser bem variada: aumento de ansiedade, insegurança, fadiga e manifestações físicas relacionadas ao estresse – taquicardia, hipertensão arterial, queda da imunidade e desbalanços hormonais, entre outros. Em segundo lugar, porque limites bem demarcados e protegidos proporcionam segurança emocional, de modo que a pessoa fique mais à vontade para lidar com a vulnerabilidade inerente a uma vida bem vivida sem o medo exagerado, que paralisa.

Também porque é o delineamento claro dos limites que possibilita a definição da identidade de uma pessoa – seu jeito de lidar com as coisas, seu campo de atuação, suas necessidades e desejos, e seu modo de se relacionar com os outros. Autoconscientização só é possível dentro do seu quadrado. Mais uma razão: limites bem estabelecidos colaboram enormemente para que os relacionamentos sejam mais saudáveis. Afinal, como se fazer respeitar sem eles? Posicionamentos firmes, valores, princípios e conhecimento sólido dependem de limites claros para que se desenvolvam, sejam examinados e revistos à medida que são confrontados com os de outras pessoas significativas. Não pela força, não por imposição, mas pelo diálogo.

Uma característica patognomônica dos relacionamentos saudáveis é o respeito recíproco pelos limites. Espero que tenha deixado claro que é o seu espaço bem delimitado, o halo em torno de sua epiderme, que garante sua autonomia e independência, pois é nesse lugar protegido que se dá o seu desenvolvimento. Por fim, mas não menos importante, limites são fundamentais na proteção contra abusos, manipulações e exploração de qualquer espécie. São eles que salvaguardam nossa integridade física, mental e relacional, nossos valores e nosso bem-estar. O dono da propriedade que zele por ela.

Pelas razões expostas anteriormente, nossos limites devem ser bem definidos e protegidos. Os "não" são os balizadores, os demarcadores de limites do nosso território e do nosso campo de atuação. Não ter esses limites claros ou fazer concessões, sem que seja explicitado que se trata de exceções às suas regras e seus princípios, faz com que sua vida, sua rotina e seus planos transformem-se em "terra de ninguém", onde qualquer um pode entrar, tomar posse, mandar e desmandar.

Ao tomar ciência dessa introdução sobre a importância dos limites bem demarcados, Marcos "assertivo" pediu para contar uma passagem que reforça não só essa ideia como mostra que se a pessoa não chama para si a responsabilidade de traçar seus limites, difícil que alguém o faça por ela. Explicou que não iria entrar nos detalhes que levaram ao impasse que descreverá, para não ocupar muito espaço e porque não farão diferença.

"O ex-marido da minha cunhada, na época em que eram casados, comprou de mim um apartamento financiado e assumiu as parcelas do financiamento, que continuou no meu nome. Eles se separaram, minha cunhada continuou morando lá com os filhos, e ele pagando direitinho as parcelas. O problema era que eu não conseguia novo empréstimo porque o alto financiamento ainda estava sendo pago.

Por telefone, falei que gostaria de falar com ele sobre o assunto, mais uma vez. Em outras conversas, disse que o ideal seria que ele quitasse ou vendesse o apartamento para me desincumbir dessa dívida, que não era mais minha já havia seis anos.

Ele foi ao meu escritório. Chegou falando que era muito grato pela ajuda que eu vinha dando desde a separação, mas que vivia momento muito difícil, estava cheio de problemas na empresa dele, preocupado com o filho mais novo e que havia até procurado ajuda psicológica.

Foi aí que tive um *insight*: as necessidades dos outros — como desse meu ex-cunhado, dos meus pais, que eu ajudo a manter, dos meus irmãos, de sobrinhos e de amigos — sempre serão prioridade para eles, sempre estarão à frente das minhas nas cabeças deles. Se eu não tivesse compreendido isso, que o modo como eu estava conduzindo as coisas favorecia a que ninguém se preocupasse com os meus limites, mais uma vez seria engolido pelos problemas dele. E disse isso a ele. Desse jeitinho. E que já estava na hora de ele dar um fim nesse nosso vínculo financeiro, bom para ele e ruim para mim. Ele quitou a dívida — algo em torno de R$ 250 mil — naquela mesma semana, dois dias depois da nossa conversa."

Pouco se verá de Sônia "contido-inseguro", irmã de Raul "contido", neste livro. Por uma razão simples: ela é discreta, tímida, calada e introvertida. Pouco fala de suas experiências, ainda se sente incapaz de dizer "não" e tem extrema dificuldade para se defender de quem não respeita os limites (mínimos) que ela estipula. Por isso mesmo, leia com atenção o que ela uma vez contou para mim (e autorizou que eu escrevesse aqui, por entender que não é o único exemplar da espécie, e que seu depoimento poderia ser útil para outros como ela):

"Das nossas conversas, entendi que o que delimita os limites do meu pequeno espaço reservado é uma cerquinha muito frágil", começou ela.

"Não entendi. O que seria esse espaço reservado?", perguntei.

"O que seria inadmissível, totalmente inaceitável. Mesmo isso, porém, é pouco defendido por mim. Sei onde estão os limites, vejo sua marca, mas se a pessoa passar por cima, não tenho como me defender. É terrível! Se eu não me defendo, quem fará isso por mim? Vou sempre depender de alguém? E, para ter esse alguém, o que precisarei fazer? Me anular completamente?"

Esses questionamentos ela fez angustiada e chorando copiosamente. Depois de se recuperar, continuou:

"Sinto como se tivesse o rabo preso com todo mundo; sempre preocupada em agradar os outros. Mas vamos ao que aconteceu: coloquei na cabeça que chegara a hora de fazer uma reforma na minha casa. Há muito desejava isso. Meu irmão estava passando uma temporada fora, em curso de reciclagem profissional, e pensei em lhe fazer uma surpresa dupla: a reforma em si e que eu era capaz de conduzi-la sem ele. Pois bem.

Chamei o pedreiro indicado por uma conhecida e ele disse ser capaz de fazer o trabalho: a troca do piso da sala. Falou que conseguiria fazer no período que estipulei e que faria o orçamento de acordo com o que precisasse fazer. Eu insisti para que me desse o preço, nem que fosse estimado, mas ele respondeu que eu não me preocupasse."

Depois de breve pausa, continuou:

"Eu sei, eu sei. Deveria ter exigido o orçamento, mas se fizesse isso, não seria eu. Seria uma versão muito melhorada, que não precisaria de terapia para resolver impasses assim. Por livre e espontânea pressão da minha terapeuta, antes de ele começar o serviço, no dia combinado para o início das obras, disse que precisava saber quanto ele cobraria. E ele disse. Achei muito, bem mais do que esperava. Tentei argumentar, mas ele disse que já havia contratado assistente, que no fim precisaria fazer contrapiso e seria injusto eu não aceitar assim, em cima da hora, e que ele havia dispensado outros serviços para fazer o meu dentro do prazo combinado. Não quis 'roer a corda' com ele e acabei concordando, mesmo sabendo que não era o que devia fazer."

Segunda pausa, também breve, em que se emocionou um pouco.

"Para encurtar a história: não saiu como eu queria nem ficou pronto no prazo prometido. Ainda paguei mais do que o que foi orçado. Isso sem contar as várias vezes em que me senti tratada como uma imbecil quando fazia algum questionamento. Já estava mal, insatisfeita com o resultado, que, segundo meu irmão, nem ficou tão ruim, mas ainda tinha a cereja do bolo: lembra do contrapiso? Pois bem, paguei para ele ser refeito, sendo que ele não precisava ser restaurado. E não foi. Mas foi pago."

O que era para ser realização que motivasse alegria e satisfação acabou se tornando em reforçador da inadequação da Sônia "contido-inseguro" na defesa dos limites, mesmo quando percebe que estão sendo transpostos.

História pesada, não? Espero ter conseguido ilustrar com esse relato o tamanho do desgaste (físico e mental – da autoestima, da autoimagem e do amor próprio) ocasionado quando não se diz os devidos "não" no decorrer do processo. Viu como a coisa tem um efeito cascata? Um vacilo permite pequena incursão no seu terreno e, pela brecha que se abriu, há uma verdadeira invasão que torna inviável a interlocução sadia e respeitosa pela completa anulação de uma das partes, já completamente dominada.

Lembrei-me do famoso trecho do longo poema *No caminho com Maiakóvski* (1968), do poeta e escritor fluminense Eduardo Alves da Costa (1936-):

"Na primeira noite eles se aproximam
e roubam uma flor
do nosso jardim.
E não dizemos nada.
Na segunda noite, já não se escondem:
pisam as flores,
matam nosso cão,
e não dizemos nada.

Até que um dia,
o mais frágil deles
entra sozinho em nossa casa,
rouba-nos a luz, e,
conhecendo nosso medo,
arranca-nos a voz da garganta.
E já não podemos dizer nada."

O poema, escrito no final da década de 1960, critica os abusos e a hipocrisia do regime militar que vigorava no Brasil e que se autodenominava defensor do povo e da democracia, mas esse trecho serve de alerta a qualquer pessoa que não saiba dizer "não", que não tenha defesa contra os que tentam invadir os limites que ela estipula.

Conto que você tenha compreendido a importância da demarcação de limites. O risco a que nos expomos se eles não forem bem estipulados e defendidos é enorme. E qual é o melhor demarcador de limites? Agora ficou fácil, não é? O "não" bem dito e bem posto por você.

Sem limites claros é praticamente impossível saber onde acaba você, seus direitos, suas preferências, sua liberdade, enfim, e onde começa a do outro.

O MEIO TERMO

É possível defender seus limites sem fazê-lo explicitamente, ou seja, protegendo-os de invasões, porque sabe bem onde estão, sem verbalizar "não". Até mesmo concordando com o outro, o cônjuge por exemplo, e fazendo as coisas do seu jeito. Refiro-me a uma forma engenhosa e sutil, mas eficaz, de autoafirmação: a que não precisa ser dita em voz alta para ser real. Ela é especialmente relevante em relações íntimas nas quais o jogo de forças nem sempre se dá por declarações explícitas.

Luísa "assertivo" chama isso de "modo Amém". E reconhece ter se valido muito dele no começo do casamento, em que "deixava o marido pensar que era ele quem mandava". Ela explica o porquê de agir assim e dá exemplo de algumas situações em que usou essa estratégia.

Marcos sempre foi muito sistemático — já não tanto, graças a Deus — e gostava de acompanhar o andamento das coisas da casa, mesmo ficando o dia inteiro fora. Chegava do trabalho já falando do que achava que deveria ser feito nos próximos dias: comprar frutas e suco de frutas, organizar o roupeiro, tirar o pó dos móveis e trocar as roupas de cama, por exemplo.

Eu escutava, pacientemente, afinal ele não estava implicando, só mesmo querendo participar da vida doméstica, e levava a coisa no meu ritmo. E quer saber? Em algumas situações o olhar dele deu uma contribuição para uma organização mais lógica do funcionamento do nosso lar.

Luísa "assertivo" é um bom exemplo de alguém que conhece tão bem seus próprios limites que não precisa anunciá-los o tempo todo. Ela não faz questão de dizer diz "não" nessas interações com o marido, mas não permite que sejam ultrapassados, preservando assim o seu espaço. Ela exerce uma autonomia calma.

É perfeitamente possível e aceitável defender seus limites sem dizer "não" explicitamente. Quem consegue fazer isso – não é para quem quer – demonstra amor-próprio, autonomia madura e uma escolha estratégica para evitar conflitos desnecessários. Espero que tenha ficado claro com o relato de Luísa "assertivo" que não é se submeter nem se conformar.

É ação deliberada sem confrontação aberta que revela autoconhecimento, inclusive de seus próprios limites; autoconfiança, na medida que prescinde de reconhecimento externo, e sabedoria. Um alerta importante: essa estratégia só é saudável e construtiva quando não motivada por medo ou fuga do confronto, pois se assim for não estamos falando de assertividade silenciosa, mas de anulação disfarçada.

Capítulo 10

Pré-requisitos para superar a dificuldade de dizer "não"

Neste ponto da leitura, certamente você já compreendeu a importância de desenvolver a habilidade de dizer "não", cujo pré-requisito fundamental é saber escutar um "não"; suportar um "não" à sua demanda. Duas perguntas o auxiliarão a se localizar nesse processo: 1) preocupa-se em deixar o outro à vontade para responder "sim" ou "não" quando pede algo? 2) como reage quando lhe dizem "não"?

Além de ajudá-lo a se situar melhor quanto ao estágio em que se encontra, as respostas a essas perguntas também revelam que o mais difícil em dizer "não" não é verbalizá-lo, mas sim administrar as emoções que acompanham esse posicionamento e, mais ainda, sustentá-lo sob pressão. Ansiedade, angústia, vergonha, culpa, raiva, indignação e outras mais são respostas emocionais que comumente acompanham os primeiros "não". Desenvolver a capacidade de dizer "não" implica tolerar o desconforto físico e mental causado pelas emoções que emergem nesse momento, explorá-las até, e não ceder à tentação de voltar atrás. Uma vez fluente em "nãoês", essas emoções darão lugar a satisfação pessoal, alívio, contentamento e aumento do amor-próprio, como veremos no capítulo 14.

SABER POR ONDE COMEÇAR

Um bom passo inicial na prática dedicada de dizer "não" com mais desenvoltura e segurança é deixar dois pressupostos bem claros na sua cabeça:

1. Com pessoas que você quer bem é mais fácil (e até natural) se dispor a fazer mais sacrifícios, que nem parecerão tão árduos, mas pesam mesmo assim. É mais difícil dizer "não" para elas e, depois de um tempo, fatalmente você ficará cansado e sentirá a necessidade de um fôlego para se recuperar se não ter estipulado e respeitado seus limites.

2. É pelas pequenas coisas, pelas questões mais corriqueiras envolvendo solicitações de familiares, amigos e colegas de trabalho, que se inicia o processo de estabelecimento de limites.

Em geral, o mal-estar causado pela impressão de que estamos sendo rudes, insensíveis e egoístas, algo que pode até ser insinuado ou mesmo dito pelo interlocutor que teve sua solicitação negada, é proporcional ao grau de complexidade do impasse. Por isso mesmo, insisto, melhor começar pelo "não" para as demandas mais simples e comezinhas. O enfrentamento necessário da resistência inevitável à sua mudança é menos custoso quando se utiliza essa estratégia. Do contrário, ao concentrar suas forças internas em um "não" definitivo para algo importante, correrá grande risco de fracassar e seguir a vida sofrendo pelo que fez e, ao mesmo tempo, pelo que não conseguiu fazer dessa vez. Reunir forças para tentar de novo consumirá tempo precioso. E isso se conseguir.

Verbalizar um "não" é resultado do veredito final de uma cascata de eventos mentais que começa com o desejo de fazê-lo. Até ser dito, o "não" é uma experiência privada, que se inicia mediante uma solicitação ou necessidade de posicionamento, seguido de avaliação de riscos permeada pelas mais diversas emoções - empatia, compaixão, afeição, gratidão e confiança em um extremo e aborrecimento, frustração, dó, culpa, raiva, medo e desconfiança, no outro – entremeadas que tornam mais complexo e sofisticado o processamento psicológico que culminará com uma ação: anuir, recusar ou postergar.

Essa ação final pode ou não ser coerente com o que desejava fazer de verdade, ou seja, pode acontecer de sair um "sim" quando quisesse dizer "não". Ou seja, mesmo que o processo mental tenha resultado em um "não", passando por cima dele, do bom-senso e do amor próprio, a resposta verbalizada pode sair um "sim".

Como já visto em capítulos precedentes, são inúmeros os motivos por trás desse fenômeno. Sabendo disso, antes de concretizar a discrepância entre o "não" que sabe ser a resposta correta com o "sim" que está prestes a sair, pergunte-se porque isso está acontecendo, converse consigo mesmo para compreender o que subsidia a dúvida e se dê um tempo para pensar a respeito, adiando a resposta final. No quadro abaixo dou exemplo de "negociação" mental envolvendo argumentos pró e contra dizer o "não" que se deseja.

A favor do "não"	Contra o "não"
Não acredito que ele(a) está me pedindo isso. Que audácia!	Mas, coitado(a), o que custa? Ele(a) está sempre disposto a ajudar.
Além de não gostar, não entendi direito o que ele(a) quer.	Concorde de uma vez para acabar logo com isso. Depois veja o que fazer.
Não vou mais nem escutar outra gracinha desagradável	Mas ele(a) pode me prejudicar depois se eu não concordar.
Não vou continuar trabalhando se não cumprirem o combinado.	Mas é o que tenho no momento, e não posso perder esse emprego.
De novo com essa conversa de que depois paga? Que cara de pau.	Mas ele(a) é do bem. Só não sabe lidar com dinheiro. Merece mais uma chance.
Não ceda. Não seja mais uma vítima	Como resistir? Tão mais simples me submeter dessa vez. Na próxima, eu tento resistir mais

A penúltima etapa do desenvolvimento do "não" é a formulação dele em uma frase que atenda às suas necessidades considerando as emoções que foram despertadas, seus recursos, suas responsabilidades quando à questão, seus direitos, algumas alternativas e, finalmente, as consequências estimadas de sua resposta. Essa frase deve necessariamente conter o "não", óbvio, de preferência logo no início dela, e ser objetiva. Quanto mais no fim da frase estiver o "não", maior a chance dele se diluir e, pior ainda, transformar-se em um "sim". Outro ponto importante é deixar claro nessa frase o prazo de validade dela: é um "não" para agora, mas depois posso mudar de ideia depois ou um definitivo e irrevogável?

No processo de aprendizado e de treino da habilidade de dizer o "não" bem dito o avanço depende da conciliação de expectativas com as reais possibilidades do estágio em que se encontra quanto a essa habilidade. Quando as expectativas são muito altas, longe de serem alcançadas no curto prazo, exigirão enorme esforço sem chance de sucesso, ou, colocado de outra forma, resultarão em fracasso e frustração garantidos. Em contrapartida, se as expectativas forem alcançáveis, o esforço será recompensado e atingi-las servirá de estímulo para que novas sejam estipuladas em nível adequado. Passemos à prática. Com a palavra, Luísa "assertivo":

"Antes de mais nada, sugiro que se escute com calma a demanda do outro. Não se precipite em dar uma resposta, principalmente se for 'não', antes de compreender o que se passa. Nem externamente, na interação com quem lhe pediu algo e fornece as informações complementares que você solicitou, e nem internamente. Escute, observe e vá elaborando mentalmente o que quer dizer, respeitando as emoções que identifica em você, sem julgá-las. Em seguida à escuta atenta, peça mais informações. Decida se vai se posicionar ali na hora ou se vai adiar sua resposta para depois de pensar um pouco."

Percebeu porque pedi que Luísa desse esse depoimento? Não sei se conseguiria sintetizar tão bem esse passo a passo. Seguem alguns comentários para reforçar a importância do que ela disse. Escutar é fundamental; é sinal de interesse e respeito para com o outro. Faz parte dessa atitude a observação da comunicação não verbal dele, o que ele transmite (se está sendo sincero, honesto, coerente ou procurando enrolar você). Em paralelo, simultaneamente ao acompanhamento do que lhe está sendo dito é necessário também se observar, administrar as dúvidas e conflitos emocionais que a conversa promove. Mais do que isso, aliás, aceitar os sentimentos que brotam durante o diálogo.

A decisão pode até ser comunicada de pronto, mas o ideal é que tome o seu tempo. Quanto maior seu autocontrole, maior a chance de dar a resposta correta (para você). Se for um convite para algo agradável e prazeroso, não será difícil dizer "sim", mas se é uma gelada, algo que obrigue você a fazer mudanças de seus planos, ou a ir de alguma forma contra os seus princípios, o "não" pode ser dito depois, se não estiver confortável ali na hora. Leve o tempo que precisar. E lembre-se: não precisa se justificar, não faça rodeios e nem dê muitas explicações.

Ação fundamentada e balanceada

A satisfação das principais necessidades humanas implica, obrigatoriamente, a interação com outras pessoas. Nessa interação, o domínio da habilidade de dizer "não" é intrínseco às ações fundamentadas em busca desse objetivo. Ah, perdoe-me, esqueci de mencionar quais são essas necessidades. Ao ler a lista, você vai compreender porque se posicionar com clareza e firmeza — o que envolve dizer alguns "nãos" bem ditos — é condição para atingi-las e, ainda mais importante, para preservá-las. Ei-las aqui:

1. Estabilidade (coerência, segurança, ordem, conforto e algum controle sobre sua rotina).

2. Desafios (muita estabilidade transforma-se fácil, fácil, em monotonia, razão pela qual precisamos de mudanças, surpresas, incertezas e aventuras).

3. Significado (sentirmo-nos queridos, validados, úteis e respeitados).

4. Amor (comunicação, conexão, intimidade, companheirismo e cumplicidade).

5. Desenvolvimento (físico, emocional, intelectual e espiritual).

6. Solidariedade (fazer o bem, ajudar pessoas e animais em dificuldade, compartilhar).

A questão é: onde está o ponto de equilíbrio? O que permite o balanceamento entre suas necessidades e a dos que estão à sua volta? Está claro que se você só diz "não", só pensa em si, seria tudo simples demais, concorda? Pois é. Não conheço a fórmula do bom relacionamento humano, que provavelmente é uma equação complexa. Mas o hábito de só dizer "não" é sem dúvida uma fórmula para tudo dar muito errado. Se fizer assim, como será quando precisar e pedir ajuda?

O balanceamento de que falo tem a ver com estipular limites razoáveis e defendê-los caso perceba que estão ameaçados. Os limites são estabelecidos com base em "nãos" ditos de maneira adequada, oportuna, firme e em defesa de sua saúde (aqui compreendida como bem-estar físico e mental). Em outras palavras, os "não" expressos assertivamente.

Assertividade

A assertividade é a capacidade de dizer o que se pensa e se sente com naturalidade, serenidade, sem sobressaltos emocionais, sem agredir o interlocutor, mas com firmeza e autoconfiança. Em outras palavras, é a habilidade que permite a você posicionar-se perante as pessoas sem deixar brechas para mal-entendidos; exprimir seu ponto de vista de forma não agressiva, mas firme, sem depender da aprovação ou validação dos outros. É muito mais do que uma simples vocalização. É, enfim, a capacidade de autoafirmar-se. O germe da assertividade, sua base primeira, é acreditar que você importa. Entenda bem: não é necessário que as pessoas saibam quão importante você é. Certamente, elas já têm muito o que fazer e problemas demais. Refiro-me aqui ao amor-próprio e à confiança em si que, uma vez solidificados, fluirão naturalmente para a relação interpessoal baseada em assertividade empregada de maneira positiva e sem hostilidade.

Para delimitar com precisão o recorte que faço do tema que explorarei nos próximos parágrafos já adianto que tratarei aqui da assertividade opositora, ou seja, aquela que é empregada para estabelecer e defender os limites do que para nós é aceitável e que se traduz pela capacidade de dizer "não", expressar discordâncias e não se deixar manipular. Outros tipos de assertividade são: afetiva (expressar sentimentos positivos por outra pessoa, contato físico), contextual (desvelar para outra pessoa o efeito que as ações dela exercem sobre você, sem culpá-la ou atacá-la) e empática (reconhecer e afirmar os sentimentos, opiniões ou necessidades de outra pessoa). Tão importante quanto a habilidade em si e, lógico, desde que possua alguma, é saber dosá-la conforme a situação. É o que se denomina escalonamento da assertividade, ou seja, passar do nível mais básico para os seguintes, em que a firmeza e a objetividade do que se diz aumentam progressivamente.

A assertividade é uma das bases da comunicação não-violenta; é dizer o que você pensa e sente de maneira racional, na hora e no lugar certos. Nesse ponto, aliás, talvez caiba fazer a distinção entre assertividade e agressividade, dada a confusão que muitas vezes se faz entre essas duas posturas completamente diferentes. Em primeiro lugar, a assertividade é respeitosa. Ser assertivo nada mais é do que comunicar sua opinião com firmeza e segurança, mas levando em conta os sentimentos da outra pessoa. Já a agressividade é beligerante. O sujeito agressivo se comunica de maneira rude, arrogante e até ameaçadora. Roberto Agressivo, como o próprio nome diz, não tem nada de assertivo. As várias menções que se faz a ele no decorrer do livro ilustram bem isso.

Quanto a dizer um "não", a pessoa assertiva o faz diretamente, sem rodeios e no momento oportuno. Quem domina essa habilidade declina uma solicitação com sinceridade e sugere outra pessoa que possa auxiliar o solicitante. A pessoa agressiva, ao contrário, bradará "NÃO!", irrefletidamente e com hostilidade. Na sequência, provavelmente reclamará que quem lhe pede ajuda é folgado, sem conter o menosprezo.

À medida que desenvolve a assertividade a pessoa se torna mais segura, menos hesitante para expressar suas opiniões e mais preparada para solicitar coisas que deseja ou precisa, a ponto, inclusive, de falar pelos menos esclarecidos e incapazes de falarem por si mesmos. Em síntese, a pessoa assertiva domina a técnica de verbalizar com segurança uma palavrinha simples que pode, sem exageros, mudar os rumos de uma vida: "não".

Legal, não é? Pena que a coisa não seja assim tão simples. Se fosse, certamente você não estaria lendo essa parte do livro. Em teoria a coisa parece mesmo fácil, mas, na prática, talvez a assertividade seja uma das habilidades mais difíceis de se desenvolver nas relações interpessoais. Além disso, frequentemente implica caminhar sobre uma linha estreita, cuja demarcação nem sempre é nítida.

Assertividade nada tem a ver com egoisticamente negar as necessidades dos outros para que as suas sejam satisfeitas. Ser assertivo significa compreender que não temos controle sobre o que os outros fazem ou solicitam, mas que podemos exercê-lo sobre nós mesmos, nossos impulsos e comportamento. É um ato de amor-próprio, de respeito ao outro e uma ferramenta de excelência na comunicação interpessoal.

Marcos "assertivo" explica didaticamente como desenvolveu a habilidade que se transformou na sua marca:

"Uma coisa para mim é certa: não nasci assim. Aos poucos fui desenvolvendo esse meu jeito de ser, que, depois descobri, era o ideal de muita gente. Minha mãe gostava de me contar, alegre e satisfeita, como foi uma das primeiras vezes em que demonstrei essa minha atitude, que venho aprimorando desde sempre. Foi no começo do ensino fundamental. Numa reunião de pais e mestres, minha jovem professora lhe relatou como fui firme no posicionamento de não trocar meu lanche com o de um garoto maior, que insistiu para que eu o fizesse, inclusive com ameaças. Segundo ela, minha mãe disse, a cada nova investida eu perguntava ao grandão, com a maior naturalidade e sem medo, por que deveria fazer o que ele me pedia; que se ele me desse uma boa razão eu faria. E a professora, pronta para intervir, se necessário, só ficou observando e sorrindo."

Contrariamente ao que esse depoimento possa dar a entender, a assertividade é uma capacidade, ou seja, não nasce com a pessoa, mas pode ser aprendida e, mais que isso, exercitada. É verdade que para algumas pessoas tal atitude simplesmente flui, do mesmo modo que algumas pessoas têm mais facilidade para aprender uma língua

estrangeira e outras para tocar instrumentos musicais. Mesmo essas, entretanto, têm que ralar para desenvolver suas habilidades naturais; do contrário, elas permanecerão naquele estado primitivo.

Vamos a mais uma definição, dessa vez a de Robert Altieri e Michael Emmons, no clássico *Your perfect right: A guide to assertive behavior*[21] (1978). Ela é mais detalhada, apesar de ainda ser sintética e precisa: assertividade é "o conjunto de condutas de uma pessoa no contexto interpessoal, de modo a expressar seus sentimentos, atitudes, desejos, opiniões e direitos de modo direto, firme e honesto, ao mesmo tempo em que respeita os sentimentos e atitudes, desejos, opiniões e direitos das outras pessoas".

Acrescento que talvez a maior prova de que uma pessoa é assertiva seja a capacidade de dizer o "não" bem dito.

Capacidade para discernir direitos, deveres e favores

Outro pré-requisito para dizer "não" com eficiência é ter consciência de a quem e a que ele é dirigido. Nesse sentido, é fundamental a capacidade para discernir direitos, deveres e favores.

21 ALBERTI, Robert E.; EMMONS, Michael L. *Comportamento assertivo: um guia de autoexpressão*. Tradução de Jane Maria Corrêa. Belo Horizonte: InterLivros, 1978.

Para se distinguir coisas diferentes que têm similaridades o foco deve se ater às diferenças, às características que são particulares de cada uma, algo que não acontecerá se elas, às vezes sutis, não forem conhecidas. Tomemos como exemplos o pêssego, a ameixa e nectarina. São frutas aparentadas — as três fazem parte do gênero Prunus, parecidas, mas diferentes em termos de sabor, tamanho e textura. Consegue distinguir uma da outra? Ótimo, então vai ser fácil para você discernir entre direitos, deveres e favores. A todos se pode dizer "não", mas as consequências serão bem diferentes dependendo do que se trata.

Direitos são prerrogativas ou concessões concedidas ao indivíduo, quer seja pela lei, por acordo social ou princípio moral. Aqui no Brasil, pessoas com mais de 60 anos têm algumas prerrogativas: vagas reservadas em estacionamento, transporte público gratuito e meia entrada em atividades de cultura, esporte e lazer. Deveres, por sua vez, são obrigações ou responsabilidades que a pessoa deve cumprir, tanto em relação a outras pessoas ou à sociedade como um todo. É o que temos que fazer. Votar, pagar impostos e respeitar as leis, por exemplo. Por fim, favores são atos voluntários de solidariedade e gentileza realizados sem que haja obrigação de fazê-los. A rigor, um favor é feito de boa vontade, sem a expectativa de que seja recompensado ou retribuído. Em síntese, um direito é algo que o indivíduo pode exercer; um dever, algo que ele tem que fazer; e um favor, um gesto voluntário que se faz porque quer. Feitas as apresentações, passemos aos "não" para cada uma dessas categorias.

O "não" a uma prerrogativa não costuma ser problemático. Tenho mais de 60 anos e não faço questão de estacionar em vaga reservada, por exemplo. Ele pode ser dito sem maiores explicações e não terá maiores consequências. Recusar-se a cumprir um dever é algo mais complicado, uma vez que uma obrigação, como o próprio termo traz consigo, é algo que a pessoa é obrigada a fazer. A recusa aqui, mesmo que possível, terá consequências sérias se não for muito bem justificada. Há dois tipos de deveres: os legais e os morais. O "não" aos primeiros terá penalidades jurídicas se não for justificado de acordo, mas é possível. Por exemplo, a dispensa do dever de integrar um júri ou do de servir como mesário nas eleições por motivo de doença ou gravidez avançada.

"Posso dar um exemplo de um 'não' mal dado para um dever legal que descumpri?", perguntou Roberto "agressivo".

"Por favor. E fale também dos desdobramentos dele", respondi. "Nessa seção do livro estamos tratando de pré-requisitos para se falar 'não' adequada e oportunamente, mas um contraexemplo pode ajudar."

"Na audiência de instrução e julgamento de um processo trabalhista em que eu figurava como reclamado, acabei falando mais do que devia, apesar da orientação do advogado para me manifestar apenas quando solicitado. Advertido pelo juiz, respondi que não iria me calar. Ele anunciou que me multaria por desobediência e, como insisti, aplicou também multa por desacato. A causa já estava perdida, mas meu prejuízo foi maior do que teria sido se eu tivesse me controlado. Moral da história: não é legal dizer 'não' a um dever legal."

"Sério? Vai incluir essa piadinha infame no seu depoimento?", perguntou Maria "passivo-agressivo".

"Vou! Você não vai me calar!", zombou o pai dela, "e esse exemplo de como não dizer 'não' para um dever ou para uma autoridade não será esquecido".

Os deveres morais são aqueles relacionados à empatia, senso de justiça e consideração com os outros. Eles, que se relacionam diretamente com o nível de integridade das pessoas que compõem um grupo social, juntamente com os deveres legais, formam a base de uma sociedade harmoniosa e justa na medida do possível. O "não" a deveres morais, entre os quais estão a honestidade, o respeito ao próximo, a solidariedade, a sustentação de promessas e o cumprimento do que foi combinado, o não prejudicar os outros, o zelo com parentes e familiares e a gratidão, como você já deve ter suspeitado, é uma questão também complicada, mas em outro sentido.

Não porque terá consequências legais, mas porque esbarrará em pontos sensíveis dos relacionamentos interpessoais. Como regra, esses "nãos" devem ser mais cuidadosos, personalizados, mais bem justificados e, se possível, acompanhados por oferta de alguma solução alternativa, com o intuito de minimizar mal-entendidos e prevenir mágoa e ressentimento da outra parte.

O "não" à solicitação de favores, que são, por definição, gestos voluntários, poderia ser mais leve. Dependendo de para quem se dirá "não", contudo, melhor que a recusa seja bem justificada.

Humildade para reconhecer limitações e procurar ajuda especializada

Se você se sente em perigo, à beira de um colapso, incapaz de tomar conta de si ou perdendo o controle de sua vida, não hesite: pare tudo, peça socorro e busque auxílio. Faça isso **agora**! Não deixe para depois. Torna-se simplesmente impossível ver as coisas com clareza nesse misto de desespero, solidão, desamparo e confusão mental. Não subestime o risco de autoagressão quando prevalecem a raiva e a desesperança pela incapacidade de se posicionar, de se defender e de se afirmar dizendo "não".

Roteiro prático

Como dizer "não"? Este roteiro, elaborado por Luísa "assertivo" e complementado por mim, poderá auxiliá-lo:

1. Antes de qualquer coisa, pergunte e obtenha mais informações sobre o que lhe é solicitado.

2. Confirme se entendeu bem, repita com suas palavras o que estão lhe pedindo, antes de responder (isso dará uma chance para o outro se tocar se a coisa for muito esdrúxula).

3. Peça mais explicações, se ainda tiver dúvidas. Durante 1, 2 e 3 vá tomando sua decisão. Sim ou não? Se for "não", vá elaborando seu posicionamento. É no decorrer dos estágios 1, 2 e 3 que se aplica o filtro de demanda, ou seja, que se interrompe a solicitação no nascedouro, antes que cresça.

4. Diga sua resposta com firmeza e segurança, clara e direta, mas com respeito e educação, já se preparando para ser questionada ou cobrada se for "não".

5. Se pressionado(a), dê breve explicação para sua resposta. Não enrole. Lembre-se de que você não precisa dar uma explicação detalhada.

6. Sustente o "não". Por isso é tão importante compreender bem o que lhe está sendo solicitado. Se possível e se quiser, ofereça soluções alternativas ou dê sugestão de outra pessoa que poderia auxiliar.

- **Observação importante**: se durante a sustentação surgirem novas informações, questione-se por que elas foram omitidas e esclareça se não são só instrumento de pressão para que mude sua resposta. De todo modo, o surgimento de mais informações pode exigir nova reflexão.

Luísa fez questão de que esta síntese fosse incluída como fecho: aprender a dizer "não" é afirmar-se perante os outros, mas também, e principalmente, perante si mesmo, um dos passos mais importantes para nosso amadurecimento pessoal.

"E se não dei conta de dizer 'não'? Se disse que concordava e me arrependi? Há o que fazer?", perguntou, angustiada, Maria "passivo-agressivo". Ao que Luísa, sem hesitar, respondeu:

"Se não conseguiu dizer o 'não' ou percebeu que surgiram 'detalhes' na demanda que a fizeram mudar de ideia — e se não quiser adiar a instauração do seu eu capaz de dizer "não" —, será necessária revisão do 'sim' que havia sido dito. Revisão essa que é legítima, principalmente se algo lhe foi omitido."

Paulo "inseguro-safo" interveio, em tom jocoso:

"Nessas horas, a gente passa óleo de peroba na cara e vai tentar se justificar..."

Nada mais distante do que penso. Se revisou seu "sim" à luz de novas informações, você cai fora de cara limpa, sem permitir que se faça inversão de papéis e de responsabilidades: o cara de pau é quem lhe fez um pedido sem fornecer as particularidades dele — omitidas propositalmente ou por ingenuidade sua, que não se preocupou em explorar bem a solicitação. Mesmo assim, cabe a você o direito de mudar de ideia.

APRENDENDO AO LONGO DO PERCURSO

PARTE 04

Capítulo 11

Características do "não" efetivo

Alguns autores propõem a existência de vários modos de dizer "não". Segundo Jana Kemp[22], por exemplo, ele pode ser direto, indireto, detalhado, cordial, inspirado (confortável, seguro e bem fundamentado) ou "guloso" (autoritário, desrespeitoso, egoísta). Eu prefiro simplificar as coisas: existe o efetivo e o não efetivo.

Dizer um "não" seco e definitivo nem sempre é a melhor alternativa nas situações de impasse. Pelo contrário, é uma opção a ser utilizada com parcimônia, em casos selecionados, por opção e não por falta dela. Em outras palavras, um "não" deve ser dito desse modo por alguém que queira assim o fazer, mesmo tendo habilidade para expressá-lo de outro jeito, por achar que assim o impacto e a eficiência de seu posicionamento em determinada circunstância lhe parecem maiores. No mais das vezes, entretanto, se diz "não" de outros modos. Independentemente de como for dito, um "não" efetivo tem as características relacionadas abaixo.

---

22 Bem-sucedida profissional da área de recursos humanos, especializada em gerenciamento de tempo, tomada de decisões e gestão de pessoas. Cf. *NO! How One Simple Word Can Transform Your Life*, 2005, p. 89-91.

DIRETO SEM ENROLAÇÃO

Às vezes é mais didático explicar como a coisa não deve ser feita para depois mostrar o modo mais promissor. Então, vamos lá. Alguém lhe pede algo, alguma ajuda. E você não quer fazer o que lhe foi pedido ou está impossibilitado de fazê-lo. Não há opção a não ser recusar, ou, colocando a coisa do modo mais simples possível, dizer "não". Você até poderia simplesmente responder com um "Desculpe-me, mas não tenho como ajudá-lo", mas, ao invés disso, balbucia um "hum... não sei...vamos ver... talvez". Pronto! Está criada a encrenca. Esse vacilo, essa hesitação transmite a mensagem de que se o solicitante insistir ou pressionar ("Por favooor..., é muuuuito importante que você me socorra...") você ceder, passará por cima de seus compromissos para ajudá-lo. Tudo bem se for esse o caso, mas se realmente não for, teria sido melhor fazer diferente. Como? Exatamente o contrário do que acabei de descrever.

É sempre melhor ser claro e direto quando se deseja declinar um pedido. Não faça rodeios, não enrole. Diga "não" logo de uma vez — o que, de modo algum, significa ser ríspido ou mal-educado. Lembre-se do que leu sobre assertividade: a habilidade de dizer o que pensa de modo firme e respeitoso, sem agressividade alguma. Se não assimilou esse conceito tão importante, é melhor reler este tópico (pgs. 120-123). Fazendo do jeito certo, dando ao "não" esse caráter firme, ele será até apreciado pelo seu interlocutor, à medida que ele entenderá que seria perda de tempo insistir e que o melhor seria procurar outra pessoa para assisti-lo. O "não" direto é uma demonstração de respeito, principalmente se não for sistemático.

Bem justificado

Sempre facilita ter uma boa razão para dizer não. Ela validará sua impossibilidade ou relutância para atender à solicitação. Observe a diferença, não tão sutil assim, entre:

a. "Não tenho como fazer isso que você me pede."

b. "Não tenho como fazer isso que você me pede porque estou com tal, tal e tal compromissos já agendados nesse período."

Imagino que lhe tenha ficado claro que a tal razão (tal, tal e tal compromissos) deve ser legítima. Resista à tentação de inventar uma desculpa, algo que poderá lhe custar caro. Não somente poderá nutrir sentimento de culpa em você como também colocá-lo em risco de ter sua falta de sinceridade percebida pelo solicitante.

Sincero

Quando alguém lhe pede algo que você não poderá fazer e que, portanto, sabe que terá que recusar, não adie o inevitável. Seja direto, claro e sincero. O "não" sincero é prova de respeito. Não é dizer "não" que pode ser desrespeitoso, principalmente se ele for sincero, mas sim a enrolação.

Firme, sem desculpas

A tentação é compreensível. Inventar uma desculpa para amaciar o "não", diminuir a chance do outro ficar magoado e, com sorte, de dissuadi-lo de contar com você para aquilo. Saiba que o risco do tiro sair pela culatra é considerável. Afinal, estamos falando de uma mentira. E ela tem pernas curtas. Mesmo que seja uma mentirinha inocente, posso lhe assegurar que na maior parte das vezes, um "não" firme e bem justificado é a melhor opção. Do contrário, atente para ironia: você, que não teria porque passar por isso, para poupar o outro, arruma para sua cabeça. Poderá sofrer com sentimento de culpa por ter enganado o solicitante, abrir espaço para negociações, potencialmente trabalhosas e que consumirão seu precioso tempo, ou, ainda pior ou ainda ser flagrado na sua tentativa de enganar o solicitante, algo que vai pegar mal. Vá por mim, um "não" simples, sincero e bem justificado é a melhor opção.

Resoluto

Se você decide que vai dizer "não", é preciso que ele seja resoluto. É fundamental que sustente sua decisão. Destrinchei o mérito dessa afirmação no capítulo 13. Se você disser um "não" direto, claro, firme e bem justificado não há porque voltar atrás. Mesmo que o solicitante insista após ter recebido um "não" firme e decidido, você terá claro que a persistência dele não tem a ver com alguma falha ou falta de clareza no seu posicionamento. Não se deixe levar pela ilusão de que se pode controlar o comportamento ou as reações do outro; de que se fizer tudo direitinho sempre dará tudo certo e a coisa sairá como esperado. Algumas pessoas simplesmente são mais insistentes e até inconvenientes.

Um dividendo contraintuitivo de manter firme um "não" dito com clareza, segurança e boa fundamentação é que, à medida que tal ocorrência se repete com constância, as pessoas vão entender que tentar manipulá-lo, intimidá-lo ou fazer chantagem emocional não vai funcionar; não vai fazer com que você mude de opinião.

Cortês

É até difícil imaginar que um "não" firme e resoluto possa ser cortês, mas, pode acreditar, não só isso é possível como desejável. Lógico que se seu interlocutor for rude, grosseiro, litigante e muito insistente, será necessário deixar claro que você não é mole, nem bobão, nem ingênuo e nem influenciável. Sempre que possível, entretanto, exercite sua paciência e não entre nesse jogo em que se desequilibrar é ponto para o outro.

É perfeitamente possível ser assertivo – que nada tem de agressividade, como já vimos – e cortês ao mesmo tempo. A assertividade informa o requisitante de que você está seguro da sua posição (do "não" que disse) enquanto a cortesia mostra respeito que, se corretamente identificado e compreendido (algo que já não depende somente de você), diminui a possibilidade de uma resposta hostil. Além disso, a capacidade de ser gentil e atencioso ao dizer e sustentar um "não" é uma demonstração de autocontrole.

Lembre-se, de novo bato nessa tecla: desde que você tenha dito "não" gentil e respeitosamente, não haverá porque alimentar sentimento negativo caso o requerente reaja mal. Não é você a causa do desconforto e da raiva dele. Ele pode até tentar convencê-lo do contrário, mas não vai colar. Se disser um "não" assertivo, mas cortês, respeitoso e bem fundamentado, você não poderá ser responsabilizado pela reação emocional e muito menos pelo descontrole do outro. São questões fora da sua jurisdição.

Sincronizado com expressão facial e postura corporal

O tema mais desenvolvido neste livro é o "não" dito com firmeza, clareza e, porque não, com elegância, como o grande demarcador de limites. Não poderia nele faltar, todavia, um capítulo sobre o "não" sinalizado pela linguagem corporal, ou seja, por gestos, posturas, expressões faciais e movimentos corporais. Mesmo porque ambos, o "não" verbalizado e o expresso pelo corpo frequentemente andam juntos. Assim sendo, é possível e importante reconhecer a linguagem corporal que traduz o "não" para identificar a contradição quando sair um "sim" ao invés do desejado "não", ou seja, para consumo interno, e também para valer-se dela para reforçar o "não" verbal.

Comecemos pelo mais óbvio: as expressões faciais. Em geral, o "não" demarcador de limites é dito quando há discordância, desaprovação e incômodo com a inadequação de uma solicitação, pela sua natureza mesmo ou pelo contexto em que é feita. Não há como escapar, consciente ou inconscientemente, haverá franzimento da testa, estreitamento dos lábios e elevação do queixo. Essa combinação de movimentos faciais ocorre em diferentes culturas e tem o mesmo significado: "não concordo", "não gosto dessa ideia". Tanto que é considerada sinalização universal de opinião negativa, a denominada face do não (*not face*, no original em inglês)[23].

Como discutido no tópico "Fazer caras e bocas" (capítulo 4), porém, ela é heterogênea a ponto de são ser facilmente decodificada por um interlocutor que evita o "não" a todo custo. Um elemento mais sutil da linguagem facial é o contato visual. Para reforçar o seu "não" verbal, mantenha o contato visual firme e direto, bem focalizado nos olhos da pessoa que lhe fez o pedido que vai recusar. Isso sinaliza que está atento, que o que vai dizer é sério e que está convicto disso. Além disso, evite qualquer sorriso ou aceno com a cabeça que possa transmitir a ideia de assentimento.

---

23 CF. BENITEZ-QUIROZ, R. B.; A. M. MARTINEZ. *The Not Face: A Grammaticalization of Facial Expressions of Emotion.* Cognition, v. 150, p. 77-84, 2016.

Outros componentes da linguagem corporal global são a postura, a atitude e gestual. Comumente, por exemplo, afastar-se do interlocutor, sem cruzar os braços, mantendo o corpo ereto e relaxado, e fazer o sinal de pare com a mão, sinalizam "não". Soma-se a esses, o quase universal balanceio da cabeça de um lado para o outro. Esse último movimento, porém, não sinaliza "não" em todas as culturas; não é universal como a face do não. Na Bulgária e em regiões do Japão, da Grécia, da Itália e do Irã, sinaliza-se verbalmente o "não" mexendo a cabeça para cima e para baixo (como nós aqui dizemos "sim").

Nesses locais, o "sim" é expresso virando a cabeça para os lados. Ou seja, de modo exatamente oposto ao que fazemos por aqui. Esse fato curioso nos obriga a levar em conta o contexto e as normas culturais das pessoas com quem está interagindo. A linguagem corporal utilizada isoladamente, além de dar margem a interpretação errada, pode ainda ser desconcertante se discordante da comunicação verbal. A mensagem mais clara possível, no nosso caso, o "não" firme e que não dá margem a dúvidas de interpretação, é o que é transmitido pela voz e pelo corpo bem sintonizados e sincronizados um com o outro.

Capítulo 12

O "não" oportuno

Como regra geral, "não" seria a resposta apropriada quando o que lhe é solicitado vai contra seus princípios e valores e quando não tem disponibilidade (interna ou externa), seja porque já assumiu outros compromissos, porque não se sente confortável ou porque dizer "sim" implicará sacrifício do seu bem-estar e afetará suas prioridades. Nessas ocasiões, o "não" bem dito será a sua salvação. É como um bom movimento no xadrez: protege seu espaço, dá o tom e serve como preparação para interações futuras.

Ao longo dessa leitura, você já percebeu que o "não" não é uma simples palavra. É muito mais. É o demarcador de limites por excelência, que deve ser modulado não só pelo quando é colocado, mas também, como veremos adiante, pelo para quem e pelo como é expresso. Quando bem colocado, reforça os limites, impõe respeito e auxilia reconhecer quem é quem entre os que o abordam com um pedido.

Em outras palavras, revela quem lhe quer bem e respeita seus limites entre interesseiros e exploradores que estão no seu entorno. Parece até fácil, não é? Quem dera. Não é. Saber quando dizer "não" envolve, em primeiro lugar, possuir essa habilidade (fluência em "nãoês") bem desenvolvida e, em segundo, mas tão crucial quanto, ter a sensibilidade, em meio à tensão de algumas interações, para identificar o momento apropriado de proferir essa palavrinha tão pequena, mas tão poderosa, para que ela tenha seu impacto máximo.

A IMPORTÂNCIA DO CONTEXTO

O "não" oportuno é o dito na hora certa e com convicção. Esse instante nem sempre é claro. E ele tem a ver com o contexto além de, evidentemente, conosco mesmos e com nosso interlocutor. Dizer "não" é um posicionamento pessoal que só será pleno se todos esses elementos forem levados em conta. Três componentes do contexto importam nessa discussão:

1. Físico – local, características da situação.
2. Relacional – diferenças de hierarquia, padrões de relacionamento interpessoal, motivações, história de vida dos envolvidos.
3. Semântico – padrões de discurso empregados e seu valor cultural.

Em outras palavras, o "quando", o momento certo do "não" oportuno, tem a ver com o "onde", com o "para quem" e com o "de que modo". Ficou claro? Sim? Então, vamos em frente, item por item.

FÍSICO

Faz diferença o espaço em que se encontra e as características da situação se o objetivo é dizer "não"? A resposta aqui é sim, e muito. A postura e atitude serão uma se estiver num local público ou em uma reunião com várias pessoas e outra, bem diferente, se estiver numa conversa à dois, privada.

Atitude e postura podem transmitir a mensagem de que o "não" é hesitante ou, pelo contrário, firme e resoluto. Finalmente, o contexto físico engloba também a situação em que se dá a interação: se é uma emergência, no sentido de que a resposta deverá ser dada sob pressão, ou se é algo corriqueiro.

"Eu tenho algo a falar sobre isso!", diz Roberto "agressivo".

"Estávamos nós três (Joana, Maria e eu) em um resort no Nordeste, voltando do almoço e eis que um sujeito nos convida para apreciar o que ele chamou de uma oferta única e imperdível. Eu estava de bom humor, satisfeito da vida, sem pressa, e topei. Maria e Joana vieram atrás, curiosas.

Entramos numa sala onde havia uma bela maquete de um conjunto de pequenos prédios ao redor do que parecia um clube, com piscinas, quadras de tênis, de *beach tennis* e multiesportivas, tudo entremeado com muitas áreas verdes. E ele começou:

— Lindo, não? E ainda a apenas 300 metros da praia, aqui perto.

— O que é? Um clube? É muito lindo — comentou Joana, impressionada.

— Muito mais do que isso, Madame — disse o vendedor. — É o "seu" clube privativo. Por uma mensalidade módica, desfrutará de uma ou até duas temporadas por ano num apartamento todinho seu.

— Todinho nosso por um período, não é? — perguntei. — Ele não é de verdade todinho nosso porque não podemos ir quando quisermos, mas somente em datas previamente estipuladas. É um *timeshare*. Eu conheço o sistema. Pode ser interessante...

Joana e Maria estavam animadíssimas.

— Sobre as condições de pagamento — falou o vendedor, agora já ladeado pelo seu entusiasmado supervisor — não poderiam ser melhores. Estamos aqui com uma promoção em que a joia (o título que dá direito e estipula as normas de uso) pode ser paga juntocom as prestações mensais e diluída em dois anos.

Já se iam 50 minutos conversando ali, quando agradeci e peguei os folhetos promocionais. Disse que iria pensar e voltaria mais tarde. Ele ficou visivelmente contrariado.

— Mas eu não estou falando que essa é uma oferta promocional? Pois então, ela é especialmente voltada para os hóspedes deste hotel e tem prazo de validade. Mais tarde, dependendo quando for, talvez não exista mais.

— Ah, entendi — eu disse, mantendo a calma, mas, se a resposta é para ser dada agora, é 'não', obrigado. Ele ficou surpreso. O colega dele, mais ainda.

— Como assim? Pareciam tão interessados. O negócio é bom. Não se arrependerão se assinarem agora.

— Vou dar a explicação longa. Como lhe disse, estamos de férias, curtindo nossa estadia aqui, livre de preocupações, e você vem com pressão? Talvez até voltasse mais tarde, talvez não, mas uma coisa é certa: sob pressão é "não". Passar bem.

Gostei de saber dessa passagem. O modo como Roberto se comportou foi um claro indício de seu progresso nos quesitos autocontrole, gerenciamento de emoções e na arte de dizer 'não'. Ele concorda.

— Em outros tempos, nem falar com o sujeito eu aceitaria. E ele certamente teria escutado "um monte" por ousar me pressionar justamente num momento de descanso.

O contexto ali não era de urgência. A rigor, nada teria que ser resolvido naquela pressa. Não havia premência alguma, mas o vendedor achou por bem, para forçar o negócio, transformar uma conversa amistosa em algo que tivesse que ser resolvido naquela hora. Não funcionou. Aliás, a regra 'na pressão, é não' tem-me sido muito útil."

Relacional

Em breve, você encontrará um capítulo inteiro sobre como dizer "não" para diferentes tipos de pessoas. Você não vai se arrepender de esperar, mas, por enquanto, aqui estão algumas informações gerais.

Evidentemente, a dinâmica de poder interfere no modo de dizer um "não" oportuno. Como verá no capítulo 16, verbalizá-lo para um superior, para um amigo ou para uma criança exige diferentes abordagens.

O mesmo vale nas situações em que queira recusar algo solicitado por alguém próximo.

O "não" para ser oportuno precisa também levar em conta diferenças culturais. Em algumas culturas, negar algo que lhe foi pedido é malvisto, de modo que a recusa deve ser feita com jeito.

"Um amigo meu, filho de japoneses e que passou um tempo no Japão, contou-me que lá eles são muito cuidadosos quando precisam recusar algo, seja um pedido ou uma oferta...", diz Bruna "tô-nem-aí". Ela fez esse comentário quase como se estivesse pensando alto, mas, quando notou que todos olhavam para ela, desenvolveu o raciocínio baseado em suas lembranças da conversa com o amigo.

"É verdade! Ele me disse que, lá, dizer um 'não' direto e seco é uma grosseria, às vezes até considerado desrespeito. Ele, que é meio nervosinho, disse que olharam feio para ele em lojas e supermercados quando ele recusava uma oferta. Eles consideram sinal de educação negar de modo mais suave, do tipo "agora não", "talvez numa outra ocasião" ou "vou pensar a respeito".

No embalo de Bruna, e para não ficar para trás, seu colega Pedro "perfeccionista" apresentou um contraponto.

"É, mas na Alemanha acontece o contrário. Eu morei lá um tempo. Na cultura deles, o "não" direto costuma ser interpretado como sinal de honestidade e clareza de pensamento; não é ofensivo. Um amigo que fiz lá me explicou isso quando percebeu que eu estava hesitando em responder ao convite dele para jogar D&D"[24].

Ambos têm razão, o dizer "não" deve levar em contas diferenças culturais. Lembro-me de um almoço oferecido por um colega de departamento durante o meu pós-doutorado na França. Ele era de origem libanesa, morava em Estrasburgo havia décadas, mas mantinha vivas

24 Dungeons and Dragons é um "role playing game" (RPG), focado em narrativa e desenvolvimento de personagens em contínua evolução, lançado em 1974, e que continua com adeptos fervorosos pelo mundo todo.

algumas tradições do país de seus pais, e ficou muito feliz quando soube que eu também tinha ascendência árabe. Convidou-me, incluindo minha esposa e meus filhos (com nove e cinco anos à época), para um almoço na casa dele.

Lá chegamos nós, na hora marcada. Ele e a esposa, alemã, nos receberam com alegria. E aí começou a comilança: aperitivos, antepastos vários (*babaganoush*, *homus*, *labneh* — coalhada fresca, e *muhammara* — pasta de pimentão vermelho assado e nozes), primeiro prato (tabule e salada de folhas), segundo prato (peixe ensopado com puré de batatas), terceiro prato (paleta de carneiro com risoto de brie e damasco).

Se eu não dissesse que, realmente, não podia mais comer, que até queria comer mais, mas não me era possível, a esbórnia teria continuado — o quarto prato estava a caminho (linguiças alemãs e maionese de batata). Ele reagiu mal ao meu "não". A esposa dele me chamou de lado e disse que eu não estava entendendo o que estava acontecendo; que não para comer tudo de tudo, mas um pouco de tudo o que ele servia porque enquanto eu estivesse "limpando o prato" ele continuaria trazendo comida.

Quem dera tivesse sabido disso antes. Estava num ponto que nem respirar fundo eu conseguia, de tão empanturrado. Quando, esclarecido da delicada situação em que eu e meu colega nos encontrávamos, eu fui para junto dele, que estava à churrasqueira, agradeci, disse que nunca havia comido tão bem em vida e que realmente foi por estar muitíssimo satisfeito que havia recusado a oferta de mais pratos que ele estava preparando. Ele estava sério, escutou o que dizia atentamente, entendeu que estava sendo sincero, abriu um sorriso, me abraçou e disse: "Tudo bem, vamos então tomar um *trou alsacien*[25] e passar à sobremesa". Foi o que fizemos.

---

25 Literalmente, um "buraco alsaciano", um sorbet de limão regado com um espumante clássico da região onde estávamos (Alsácia).

O *trou* (buraco, em francês) pareceu mesmo abrir espaço no estômago e dei conta de comer alguns doces árabes e salada de frutas. A partir dessa experiência inesquecível, pela combinação de prazer e sofrimento, aprendi a colocar limites quando visito amigos, coisa que não faço mais sem antes saber sua ascendência e seus costumes.

Semântico

Um "não" pode ser direto (explícito) ou indireto (implícito). O direto é fácil de se identificar. O indireto é mais sutil, algo que deriva de um "vou pensar antes de responder", por exemplo, e é uma forma de se expressar que se trata de um "não" em potencial.

Também no nível semântico temos o "não" absoluto e o negociável. O absoluto significa – ou deveria significar – irredutível: "não, nunca, jamais, em tempo algum". O negociável é uma negação condicional, algo como "não agora, depois, dependendo de como a coisa evoluir, vamos ver". Ainda nesse nível, também se enquadra a distinção entre negativa temporária e permanente bem como a feita entre um "não" demarcador de limites claros do apenas indicador de zonas. Essas distinções não são meramente linguísticas. E lógico que têm implicações diferentes. Elas revelam inseguranças, intenções, estratégias e posicionamentos nas dinâmicas interpessoais.

Bia "assertivo", que encarou a participação no processo de feitura deste livro como um curso de desenvolvimento pessoal, ofereceu-se para fazer uma síntese didática dos tipos de "não" de acordo com a semântica, com exemplos que ela própria buscou para ilustrar cada um deles. Vale a pena dedicar atenção extra ao material que ela preparou.

"Fiz um resumo esquemático dos quatro tipos de "não" do componente semântico do contexto, dando exemplos e ilustrando vantagens e desvantagens de cada um, para que ficasse claro que não existe certo e errado, mas sim o modo mais adequado de verbalizá-los dependendo da situação. Serviu para eu organizar as ideias. Espero que ele seja útil aos leitores como foi para mim."

Eis o que ela preparou:

1. "Não" direto (explícito) vs. indireto (implícito)

♦ **Direto – claro, frontal, inequívoco e contundente; não deixa margem para dúvida**

Exemplo: "Não aceito isso."

- Vantagem: estabelece posicionamento claro e preciso.
- Desvantagens: pode soar duro, insensível.

♦ **Indireto – revestido de ambiguidades; vago, latente (sinalizado, mas não dito)**

Exemplo: "Será? Não sei. Vou pensar e depois respondo."

- Vantagens: preserva vínculos, ganha tempo, mais palatável.
- Desvantagens: expressa hesitação, dá margem a mal-entendidos.

2. "Não" absoluto vs. negociável

♦ **Absoluto – definitivo, irreversível, inegociável**

Exemplo: "Não aceito essa proposta ultrajante em hipótese alguma."

- Vantagem: não deixa margem para dúvidas, encerra o assunto

- Desvantagem: impossibilita volta a trás; se não sustentado, perda da credibilidade

♦ **Negociável – condicional, pode ser revisto a depender do andamento da conversa**

Exemplo: "Desse modo não é possível, mas desse outro, talvez."

- Vantagens: mantém o diálogo aberto, preserva relacionamentos e aponta possibilidade de entendimento
- Desvantagens: risco de mal-entendidos; de ser considerado falta de firmeza

3. "Não" temporário vs. permanente

♦ **Temporário – pode mudar com o tempo, em determinado contexto ou com uma reflexão mais aprofundada**

Exemplo: "Não quero falar sobre isso agora."

- Vantagem: evita conflitos, alguns desnecessários.
- Desvantagem: adia confrontos, prolongando tensões e mágoas.

♦ **Permanente – existencial, estrutural**

Exemplo: "Não quero ter filhos."

- Vantagem: descreve posicionamento para a vida.
- Desvantagem: dificulta revisões à luz de novos acontecimentos.

4. "Não" demarcador vs. Indicador

◆ **Demarcador – estabelece limite claro do que é e não é aceitável no território pessoal e relacional.**

Exemplo: "Não permito que se refira a mim desse modo."

- Vantagem: marca e protege o limite como um muro sólido.
- Desvantagem: dificulta esclarecimento de mal-entendidos.

◆ **Indicador – aponta zonas de transição difusas, sem clara demarcação entre o que é permitido e o que não é aceitável.**

Exemplo: "Não me sinto à vontade com brincadeiras assim."

- Vantagens: mantém abertas as portas para o diálogo.
- Desvantagens: pode ser ignorado (intencionalmente ou não) sob o argumento de que a mensagem não foi clara.

Acho que ficou claro que os "não" absolutos e permanentes devem ser expressos em situações extremas, já que sua revisão pode ser complicada e mal interpretada. Por outro lado, levo agora comigo que não se deve confiar em alguém que não tenha valores que serão defendidos por esse tipo semântico de "não".

Também espero que percebam que esses dois "não" estão em uma extremidade do eixo de gradações de posicionamentos, mas seus apostos não estão na outra extremidade. Nela se encontram a mansidão e a permissividade. Os outros "não" listados no esquema, observe bem, estão situados próximos do meio-termo entre anuência total e discordância completa, entre a incapacidade de dizer "não" e os "não" absolutos e permanentes.

"Bia 'assertivo', senhoras e senhores. Uma salva de palmas, por favor". Não consegui me furtar a fazer essa brincadeira.

Timing

O timing, o melhor momento para se fazer ou dizer algo, permeia o contexto como um todo e é um componente essencial, definidor até, do "não" oportuno. Se o "não" será imediato ou protelado por algum tempo; dito depois do pedido feito ou antes mesmo dele ser feito; verbalizado no meio de uma discussão, sob forte emoção, ou em outro momento, depois que os ânimos se acalmarem.

Marcos "assertivo" disse que tinha um bom exemplo dos dois primeiros: um "não" protelado e um dito antes mesmo de escutar o que a outra parte tinha a dizer. Passo a palavra.

"O dono do imóvel onde mantenho a sede da empresa pediu para falar comigo sobre a necessidade de um reajuste do aluguel, sendo que o previsto pelo contrato havia ocorrido apenas três meses antes. Estranhei. Achei até que minha secretária tivesse entendido mal o que ele queria, mas disse que bastava ele marcar dia e hora, e conversaríamos. Uma informação necessária: estávamos no local — uma casa charmosa e bem situada, e que zelávamos bem — havia 15 anos.

Ele chegou pontualmente e foi direto ao ponto. Contou que o representante local de uma grande empresa o havia procurado, dizendo-se interessado no ponto, mas não para comprar, e sim para alugar, oferecendo o triplo do valor que pagávamos. E que, então, gostaria de saber se eu aceitaria um novo reajuste do aluguel, para pelo menos o dobro do que estava em vigência.

Na hora, não disse nada. Pedi um tempo para pensar, conversar com os sócios, e falei que até o fim da semana daria uma resposta (era uma terça-feira). Disfarcei bem minha indignação diante da proposta indecente que ele fez. Só para constar: eu não teria que falar com sócio algum.

Na sexta de manhã, liguei para ele, agradeci a oferta, mas que disse que declinava dela e liberaria o imóvel em 60 dias. Ele não conseguiu dissimular a satisfação com a notícia. Mudar de lá não estava nos planos, mas, diante do ocorrido, preferi me safar do dilema que se criaria caso continuasse sem aceitar a proposta, óbvio: conviver com um locador contrariado por meses já sabendo que ele pediria o imóvel mais cedo ou mais tarde não me pareceu boa alternativa.

Duas semanas depois, recebi o recado de que ele queria falar comigo novamente.

Liguei para ele. Meio sem jeito, falou que havia pensado melhor e que queria me fazer nova proposta. Sem maiores delongas, respondi que nem queria saber, pois já estava procurando outra casa e sairia, como lhe havia dito na última conversa. Imaginei que aquele tal representante havia dado para trás. E tinha claro para mim que não queria entrar em outra negociação com ele. Agradeci novamente e encerrei o assunto.

Saímos de lá até antes do previsto e nos instalamos em um imóvel tão bom quanto, mas mais bem localizado. Cá entre nós, tenho que agradecer pelo que ele fez: nos tirou da zona de conforto; estávamos acomodados."

O relato de Marcos "assertivo" é mesmo muito ilustrativo de um "não" dito após um prazo para pensar e elaborar o golpe, e de um "não" não dito, mas efetivo, pois ele, Marcos, nem quis escutar a proposta do locador.

João "safo" e Nilda "inseguro" se entendem melhor hoje do que nos melhores dias do casamento, que, aliás, nunca foi grande coisa. Casaram-se porque ela engravidou. Isso depois de quatro anos de namoro e, verdade seja dita e justiça seja feita, João não vacilou em assumir a paternidade. Também foi dele a iniciativa de se casarem. Fez o que pôde para que os pais da Nilda, bem idosos, não soubessem do ocorrido. E conseguiu. Eles morreram sem saber, pensando que o casamento às pressas fosse mesmo motivado por uma proposta de emprego — que nunca existiu — que faria com que ele tivesse que se mudar de cidade.

Constrangidos, mas inspirados pelos depoimentos dos outros, resolveram relatar duas brigas que tiveram quando casados, sendo que a segunda culminou com a separação que antecedeu ao divórcio. Eles estavam juntos, mas falou um de cada vez. Nilda contou como foi a primeira briga:

"Paulinho [*modo como ela se referia ao filho, Paulo "safo-inseguro"*] estava com uns três anos. Nessa época, o Marido [*como ela se referia ao João*] ficava pouco em casa. Se não estava dando seus pulos para arrumar uns trocados, estava no bar com amigos. Mas ele nunca foi cachaceiro, apenas não gostava de ficar em casa à toa. E, menos ainda, de ajudar nos cuidados com o filho e com a casa.

Nesse dia, à noitinha, o Marido chegou em casa mal-humorado, reclamando da vida, falando palavrões e perguntando o que tinha para o jantar. Eu, que também não estava num bom dia, lá da cozinha, antes mesmo de ver ele, já emendei: 'Vem ver no fogão. Eé bom gostar, porque se não, azar. É o que tem, o que dá pra fazer com esses caraminguás que me dá para fazer o supermercado'.

Quando vi a cara dele – Jesus! – estava transtornado. Na hora vi que – com o perdão da palavra – a merda estava feita. Ele, aos berros, como nunca havia feito antes, descarregou. Me mandou para a PQP, falou que eu era uma ingrata, que não reconhecia os esforços dele nem o duro que ele dava para nos sustentar, que se eu não estivesse satisfeita, que fosse embora, e por aí foi. Não recuei. Pelo contrário, subi o tom, coisa também que fiz pela primeira vez: 'Vai você pra PQP, seu folgado. Chega em casa botando banca, como se tivesse condições de exigir algo. Vá te catar, seu calaceiro[26] de bosta! Faz meses que está desempregado, e eu aqui do seu lado. E agora vem dizer que sou ingrata?! Vai te catar!'

---

26 Preguiçoso, vadio, mandrião. Acho que não havia mencionado, mas Nilda também foi professora de português, como a irmã (Joana).

'Quer saber? Chega. Pra mim, deu! Se é assim que me enxerga, não tem mais por que continuar. Vou embora'. E se encaminhou para a porta da frente, passando pela sala onde o Paulinho estava abrindo um berreiro.

'Isso mesmo! Vai embora. Covarde! Também não quero mais viver com você', eu disse, pegando o Paulinho no colo. Dois dias depois, tínhamos feito as pazes.

João, sereno, começou o relato dele se desculpando:

"Não me orgulho do que disse e de como me comportei nesse dia. Já pedi perdão para a Nilda. A passagem que eu quero contar é mais breve. Nossas brigas foram frequentes por um tempo, mas a situação financeira foi melhorando, as coisas entrando nos eixos, e nós dois nos distanciando.

Um dia, Nilda me disse que estava pensando sobre o sentido de continuarmos juntos depois que o Paulo saiu de casa para estudar. Não havia mais discussões, mas também não havia mais afeto. Pediu que eu pensasse a respeito e que conversássemos no dia seguinte. Que fique claro que não houve traição. Não era esse o motivo do distanciamento.

No dia seguinte, quando perguntei se ela queria continuar junto comigo, ela disse 'não'. E foi bom, porque eu também não queria mais, mas não sei se teria tido coragemde responder com a honestidade dela."

Dois exemplos de "não": alguns ditos sob forte emoção, com intuito de machucar, em meio a uma troca de xingamentos; outros, depois de muita reflexão e com a clareza das duas partes de que era o melhor a ser feito.

CAPÍTULO 13

E DEPOIS DE DIZER "NÃO"?

A história não acaba ao dizer "não". Em algumas situações, esse é o começo de uma nova fase na relação interpessoal, na qual a outra parte — geralmente resistente à negativa — buscará negociar. A você caberá firmar o pé.

SUSTENTAR O "NÃO"

Depois de dizer "não", há que se sustentá-lo, pois, do contrário, como vimos no capítulo 6, está feito o estrago. Da mesma forma que não adianta ter dinheiro suficiente para adquirir um carro se não tiver como conservá-lo (pagamento de taxas, licenciamentos, impostos, seguro, manutenção, por exemplo), não basta dizer "não" se não tem condições de defendê-lo firmemente. Daí, insisto, a importância do discernimento para dizê-lo quando realmente é o que quer, sente que é o correto e depois de ter pensado um pouco. Às vezes, depois de alguma reflexão, entende que a resposta que quer dar é "sim". Por isso, permita-se esse tempo para reflexão, de preferência fundamentada pelo maior número de informações possível. Se, depois de pensar melhor, optou pelo sim e já havia dito "não", temos aí um bom exemplo de "não" que vira "sim" pela precipitação da primeira resposta.

A sustentação do "não" é tão ou mais importante do que sua simples verbalização, que deve ocorrer se e, idealmente, somente se lhe estiver claro que a negativa é a resposta que deseja dar ao que se lhe pede. Não se iluda que seu "não" será aceito de pronto, sem contra-argumentação e de bom grado. No mais das vezes, haverá alguma pressão, seja na forma de palavras, de gestos ou de expressões faciais de tristeza, desaprovação e mesmo de raiva/revolta para que reveja seu posicionamento. Sendo assim, seguem algumas estratégias sabidamente úteis na ratificação do seu "não".

Antecipe a resistência — parta da premissa de que seu "não" será contestado e contradito. Ao fazer isso, torna-se mais fácil planejar antecipadamente como manter sua posição.

Identifique as emoções que experimenta — é natural que uma reação negativa ao seu "não" e que certos comportamentos de seu interlocutor despertem em você um misto de emoções. Dele, comumente, fazem parte a raiva, a indignação, a frustração/decepção, culpa, tristeza e ansiedade. Quando bem sustentado, identificará também algum grau de satisfação pessoal e reforço do amor próprio.

Segure a onda da culpa — lembre-se do que foi enfatizado no capítulo 3: você não é responsável pelas emoções dos outros nem pelo despreparo de alguns para escutar um "não". Por outro lado, você é sim responsável pela demarcação e defesa de seus limites.

Reafirme sua resposta de maneira neutra — essa é simples. Escute a argumentação de seu interlocutor, tolere a insistência e simplesmente diga: "Sim, sim, eu entendo, mas minha posição continua a mesma".

Evite interpretações excessivas — não se impressione com caras e bocas. Nem sempre um franzido da testa significa desaprovação ou frustração. Às vezes é só um sinal de que a pessoa está processando o que aconteceu. E se for frustração ou desapontamento, paciência. Recorde que é um problema do solicitante não ter se preparado para escutar um "não" ao pedido dele.

Utilize linguagem corporal condizente — sustente o olhar com firmeza, mas sem agressividade; mantenha o corpo ereto e os braços relaxados.

"Achei ótimo ter incluído esse capítulo, Doutor. Sem ele o livro não ficaria completo. Quantas pessoas — e às vezes ainda acontece comigo — até dizem 'não', mas voltam atrás, incapazes de resistir à pressão da outra parte. Só que ele ficou curto. Sei bem que não gosta de enrolar, mas aqui seria preciso reforçar cada uma dessas estratégias."

Essa foi Luísa "assertivo". Quando pedi que ela desenvolvesse essa conclusão, disse o seguinte:

"Dizer 'não' é uma arte, exige muito mais do que teoria e protocolos. Envolve prática. Como qualquer habilidade, precisa ser exercitada inúmeras vezes para ser incorporada no comportamento interpessoal. Li, recentemente, que para se ser proficiente em uma atividade determinada são necessárias pelo menos 10 mil horas de prática[27]. A de dizer 'não', para complicar, envolve todas essas estratégias que você citou e mais algumas. Cada uma delas precisa ser conhecida e praticada repetidamente para que se adquira segurança na sua utilização.

Se me permitir, vou comentar cada uma delas. Desde já insisto que devemos nos apropriar delas e incorporá-las nos nossos relacionamentos interpessoais de todo dia, para que estejam à disposição quando necessárias em situações de impasse."

---

27 A teoria de que seriam necessárias 10 mil horas de prática — o equivalente a oito horas diárias durante três anos e meio — para alcançar a maestria em qualquer área foi popularizada pelo jornalista britânico radicado em Nova Iorque Malcolm Gladwell (1963-), no livro *Outliers* (2008). Essa ideia, no entanto, é controversa, já que outros fatores, como talento natural, idade de início, qualidade do treinamento e oportunidades, também influenciam no desenvolvimento da expertise.

Como poderia recusar oferta espontânea tão generosa?

"Vamos lá. Antecipe a resistência que muito provavelmente virá se disser 'não'. Seja na forma de expressão facial de decepção seja na de questionamento e insistência para que atenda ao pedido feito, devemos estar preparados para isso. É como o Doutor diz: prepare-se para o que é previsível. Deixe a improvisação para quando surgir um imprevisto.

É verdade. Digo isso com frequência. Considero uma boa motivação para as pessoas se planejarem com antecedência para embates com familiares ou conhecidos.

Ao fazer esse exercício de antecipação da cena, automaticamente se tornará capaz de identificar as emoções que experimenta, tanto as que já estavam lá motivando o seu 'não' — indignação, decepção, culpa, ansiedade — quanto as que surgem quando se coloca na situação que está por vir e imagina o que pode acontecer.

Desses sentimentos — emoções tornadas conscientes — o mais problemático para mim é o de culpa. Se não o trabalho em mim na preparação para dizer um 'não' importante, ele se torna meu ponto fraco, que, se explorado, poderá me dificultar na sustentação do posicionamento que se alinha com o que quero.

O doutor escreve que reafirmar sua resposta de maneira neutra é simples, mas isso é verdadeiro se e quando conseguimos manter a linha. Na minha experiência, dependendo do interlocutor, haverá tentativa de me desestabilizar, de me irritar e de aumentar minha culpa para eu ceder, voltar atrás no meu 'não'. Para isso também devemos estar preparados. É previsível. De todo modo, na minha experiência pessoal, o melhor mesmo é defender a posição com a frase que ele escreveu — 'sim, entendo, mas minha decisão continua a mesma' — e variantes dela.

Preparação é tudo, inclusive, vale a pena antecipar o que fará diante da reação que você estima que seu interlocutor terá. Você é impressionável? Costuma ceder à chantagem emocional? Qual é o seu ponto fraco? Defenda-o. Custei a entender que a frustração de quem escuta a negativa não é de minha responsabilidade. Quem pede algo precisa estar preparado para escutar um "não". Não é esse, inclusive, um argumento quese utiliza para fazer um pedido: o "não" eu já tenho, vamos ver o que mais posso conseguir?

A emoção expressa pela linguagem corporal é de extrema importância. Se ela for coerente com o discurso, ótimo, mas, se for contraditória, se revelar ambivalência e o interlocutor for atento, vai dar força para ele continuar insistindo. Prepare-se para isso também. Dedique-se a conhecer bem os gestos, a postura e a atitude que reforçam o "não" verbalizado e exercite-os antes de um embate. Não tenha vergonha de ensaiar em frente ao espelho para aprimorar sua expressão corporal do 'não'. Apenas não se esqueça de que a linguagem corporal por si só não terá o efeito desejado —reforçar o 'não' verbalizado — se ele, esse 'não', for vacilante. Acho que era isso que queria deixar registrado."

Preciso admitir que esse complemento deixou o capítulo muito mais forte. Luísa "assertivo", senhoras e senhores.

Aquisição e compartilhamento

PARTE 05

Capítulo 14

Os benefícios do "não" bem dito

Sensação de liberdade. Ao dizer o "não" como você deseja ao invés do "sim" que costumava sair automaticamente, ao se colocar em primeiro lugar, desvencilha-se do emaranhado que criava para agradar os outros. É verdadeiramente uma libertação.

"O 'não' é libertador", afirmou Joana "inseguro" em uma de nossas conversas. "Mas tem que saber colocá-lo na hora certa. E aí é que as coisas se complicam."

A sensação de liberdade ao se verbalizar "não" e ao sustentá-lo, entretanto, só será plena se apartada do sentimento de culpa. E como desbastar essa culpa, mantê-la sob suspeita e sob controle? De acordo com Walter Riso[28] em *Cuestión de dignidad*[29], seguindo três princípios de conduta básicos:

28 Psicólogo clínico, terapeuta, professor universitário e escritor nascido em Nápoles (Itália), em 1951, e radicado na Colômbia desde 1979. Especializado em Terapia Cognitiva.

29 Lançado em português com o título "Não, Obrigado" pela Editora LeYa (Portugal), 2002.

1. Colocar limites no quanto toleramos a agressão dos outros à nossa dignidade pessoal.

2. Escutarmo-nos, entender o que nos motiva, o que queremos de fato (bem como o que queremos evitar), pesar vantagens e desvantagens, prever as consequências de nossas ações e planejar como lidar com elas.

3. Levar o outro em conta, praticando a alteridade.

AUTOAFIRMAÇÃO

Dizer e sustentar o "não" é um ato de autoafirmação. Incrível como uma palavra tão pequena – três letras e um sinal – é tão poderosa quando bem colocada. Lógico que é mais do que uma simples palavra. O que ela representa é o que mais importa: o estabelecimento de limites e a defesa da identidade (valores e prioridades), da autonomia e do respeito próprio.

Ao dizer "não" a algo que não faz sentido, na verdade, está-se dizendo "sim" ao que realmente importa. Recusar um convite para sair com amigos porque sente que precisa descansar nem sempre indica tendência ao isolamento, mas sim boa sintonia com suas necessidades para preservar ou recuperar seu bem-estar. Ao fazer isso, reforça que é você quem escolhe o rumo a tomar na estrada da vida e, evidentemente, lida com as consequências das suas escolhas.

A principal tese deste livro é que o "não" bem dito e sustentado é o demarcador dos limites do seu ser (fronteiras, halo e contorno). Em outras palavras, para que não haja lugar para dúvidas: dizer "não" significa afirmar "eu estou aqui e esse espaço me pertence". À medida que faz isso a pessoa deixa de ser extensão da vontade alheia e passa a preparar a terra e a cultivar no seu espaço bem delimitado. Com isso, escolhendo bem o que planta, a colheita estará garantida.

O "não" é uma palavra curta, mas quando dita com consciência, senso de oportunidade e assertividade ecoa como um manifesto: "Eu existo. Tenho limites que devem ser respeitados". Ele só será levado em conta, todavia, se for sustentado.

Sentimento de gratidão

Aprender a dizer "não", praticar essa habilidade recém-adquirida e ver os resultados disso — que se sente mais seguro, mais forte, mais livre e mais inteiro — é muito gratificante. Perceber que o risco de desequilíbrio pela sobrecarga é menor e que não mais sente o nó na garganta a sufocá-lo é bom demais. E aí o sentimento de gratidão brota naturalmente. Gratidão pela vida, pelo que se tem, pelo que tem feito com o que tem, pelo potencial que descobriu em si, que faz com que sua existência readquira um sentido que havia se perdido.

Dizer o "não" que você quer ao invés do "sim" para ser querido e não desagradar é sinal de que houve um alinhamento entre desejo verdadeiro e ação. Essa coerência interna vem acompanhada de sensação de paz interior e bem-estar emocional que também despertam o sentimento de gratidão.

Não é demais repetir que dizer "não" não é simplesmente ir contra quem lhe faz uma solicitação, mas sim ficar a seu favor, em sintonia com que deseja, com quem é, com seu eu mais autêntico. Também por essa via brota o sentimento de gratidão. Como se seu corpo e sua mente lhe dissessem: obrigado por ficar do nosso lado dessa vez.

Xavier Guix, psicólogo e escritor espanhol, propõe que a autoestima tem duas dimensões[30]. Uma delas é se dar valor, se dar ao respeito e se realizar. A outra é se querer bem, ser autêntico, estar de bem consigo e cuidar-se bem. Ambas são reforçadas quando se sabe dizer "não" e se é capaz de sustentá-lo uma vez pronunciado. A autoconfiança, por sua vez, é filha da autoestima. Esta última estando em boas condições, nem baixa e nem muito alta, é garantia de que aquela estará sendo bem cultivada. Para que a autoconfiança seja plena há que se exercitar a coragem de dizer o que pensa e sente com sinceridade e a capacidade de fazê-lo oportunamente, levando em conta a ocasião. Os "não" assertivos certamente fazem parte desse conjunto.

Esse mesmo autor se vale de uma metáfora para ilustrar o que para ele seria a autoestima[31]. Pede que imaginemos uma árvore, cujos componentes principais são as raízes, o tronco, os galhos e as folhas. O que pensa que seria o equivalente da autoestima nessa comparação? Se disse as raízes, acertou. É nelas que se concentra a estrutura de sustentação da confiança pessoal (tronco) e das atitudes, ações e interações visíveis (galhos e folhas). Por mais que na aparência a árvore seja grande e frondosa, se suas raízes não forem profundas e resistentes, virá abaixo no primeiro temporal. A capacidade de dizer "não" assertiva e oportunamente é um de seus principais nutrientes. Já os "sim" fáceis, para agradar o outro, para sustentar a imagem de que se é uma pessoa "legal", com que os outros podem contar, mas, desrespeitosos consigo mesmo, são como pragas que atacam justamente as raízes.

---

30 GUIX, Xavier. *Atrévete a decir no y refuerza tu autoestima*. Barcelona: Ediciones Urano, 2010. p. 68.

31 Idem, p.89.

Aprimoramento de habilidades sociais

O "não" bem dito é uma ferramenta extremamente útil no manejo de impasses emocionais e sociais. Ele depende de algumas habilidades sociais, ao mesmo tempo em que algumas delas também dependem dele para ser usadas com consciência e eficácia. Como se verá a seguir, a relação entre dizer "não" e habilidades sociais é daquelas em que causa e consequência, por vezes, trocam de lugar. Curioso como, desse processo, o resultado é, quase invariavelmente, progresso pessoal.

Habilidades sociais por trás do "não" bem dito

Dizer "não" com firmeza e respeito, posicionar-se com clareza e equilíbrio diante de solicitações, exigências e impasses, é a essência da assertividade. Quanto mais se pratica o "não" consciente, mais se ganha presença, autoconfiança e respeito perante os outros.

Pode parecer paradoxal, mas, à medida que se desenvolve a capacidade de dizer 'não' com mais segurança e naturalidade, aprimora-se também a de escutar o 'não' do outro com maior maturidade e equilíbrio. Isso se dá por uma razão muito simples: o "não" que o outro fala deixa de ser sempre visto como rejeição ou má vontade e começa também a ser encarado como sinalização dos limites dele. Essa compreensão mais abrangente e amadurecida favorece o desenvolvimento de relações interpessoais mais genuínas, baseadas em respeito mútuo.

Para dizer um "não" assertivo, seguro, firme, mas nem por isso agressivo ou desrespeitoso, é preciso que esteja claro e bem identificado o que sente na situação e o que almeja com seu posicionamento. Pois bem, na busca dessa identificação precisa dos sentimentos e dos objetivos, aprimora-se o autoconhecimento e, consequentemente, a comunicação mais consciente, coerente e eficiente.

Deixar claro para o outro o que é aceitável e o que não é; o que é Ok e o que não é Ok, nas palavras de Brené Brown, possibilita ainda que se apare arestas e se selecione entre a amostra de seres humanos ao seu redor os que têm potencial para um relacionamento mais maduro e promissor, quer seja afetivo, profissional ou apenas social. Ao estabelecer e deixar claros os seus limites, tarefa irrealizável sem "não" bem-postos, educa-se o outro que lhe é importante quanto ao modo de relacionar-se que lhe é aceitável e, mais, desejável até: respeitoso e sincero.

Habilidades sociais derivadas do "não" bem dito

No tópico anterior, vimos que para dizer "não" com efetividade e classe é preciso ter bem claros o que se sente na situação e o que se pretende com esse posicionamento. E que isso redunda em autoconhecimento. Assim sendo, por esse ângulo, autoconhecimento seria consequência da autoanálise feita para se identificar sentimento e desejo. Ocorre que autoconhecimento, ter segurança do que se passa consigo e do que quer, dá sustentação para o "não" sair firme, de forma segura e serena.

Autoconfiança também tem dupla função. Já apareceu no tópico anterior como habilidade necessária para fundamentar o "não", mas ela também se desenvolve e se fortalece à medida que se coloca em prática a arte de dizer "não". Como vimos em capítulos anteriores, proferir um "não" firme, adequado e sustentado exige coragem para lidar com a possível decepção do interlocutor, o medo de desagradar e o risco de julgamentos negativos. Um mínimo de autovalorização é necessário para que defendamos nosso halo, nosso limite expandido, e, à medida que fazemos isso, não só ele fica mais claro para nós, como também nos sentimos mais confiantes e capazes de protegê-lo de invasões.

Outra habilidade que tende a ser desenvolver a partir do momento que se diz o primeiro "não", em geral desastrado e sofrido, é a da comunicação não violenta, cujos quatro componentes são: observar o que está acontecendo numa situação, identificar como se sente, reconhecer suas necessidades e pedir especificamente o que deseja[32] No nosso caso, o quarto componente é dizer "não". Modular o tom de voz, escolher palavras adequadas e, principalmente, manter a calma é fundamental. O modo como se diz "não" faz toda a diferença em termos de impacto interpessoal e social.

Por fim, sustentar o "não" frente à reação ruim do interlocutor frustrado nos seus anseios, e que pode reagir mal, é um bom treino para a paciência, o manejo de impasses interpessoais e a maturidade emocional.

Espero ter deixado claro que dizer "não" favorece o desenvolvimento de habilidades sociais tais como a assertividade, a empatia e a comunicação consciente, mas também exige autoconhecimento, autoconfiança e capacidade para tolerar tensões interpessoais. Em assim sendo, observe como se forma um círculo virtuoso a partir do "não" dito de forma consciente.

Obtenção de metas com foco

Dizer "não" com assertividade possibilita melhor aproveitamento do tempo e foco mais apurado nas tarefas que se propõe fazer. Isso porque faz com que energia que seria dispendida atendendo solicitações de outras pessoas seja poupada e direcionada para o que você havia se comprometido a fazer originalmente. Quem prioriza compromissos já assumidos e consegue defendê-los como prioridade pratica o desempenho focalizado e se torna mais eficiente.

Observe que – de novo – não se trata de egoísmo e sim de colocar-se em primeiro lugar. Se couber na sua agenda de compromissos o que se lhe pede, vale muito a pena considerar se a solicitação pode

32 ROSENBERG, M. B. *Comunicação não-violenta: técnicas para aprimorar relacionamentos pessoais e profissionais*. 3. ed. São Paulo: Editora Ágora, 2003.

ser atendida. É sempre um processo de avaliação válido e enriquecedor, qualquer que seja sua decisão final. Também não aceite insinuações de que se recusou a fazer o que lhe pediram por insensibilidade ou falta de simpatia para com o solicitante. É muito mais simples: estamos falando de escolher conscientemente o que merece prioritariamente seu tempo e sua atenção. Se, além disso, você ler o livro "A ÚNICA coisa"[33], aí ninguém o segura.

Dizer "não" para algo que não está alinhado com nossos planos e compromissos equivale a um "sim" para suas prioridades. Recusar-se a atender demandas dos outros, principalmente as abusivas e recorrentes, preserva seu tempo, sua energia e permite que não se perca o foco no que realmente importa.

"Teria algo dizer. Posso dar um exemplo pessoal e recente". Esse é Pedro "perfeccionista", que trabalha na contabilidade da empresa de Marcos "assertivo". Ele é bem jovem ainda, não completou 20 anos, mas esforçado e determinado.

"Não sei se todos sabem, mas estudo à noite (análise de sistemas) e trabalho das 9 às 17, de segunda a sexta. Meu ritmo destoa do ritmo dos meus amigos, mas, por sermos uma turma muito unida desde crianças, e porque eles gostam de mim, insistem em que eu esteja nos programas deles — baladas, shows e churrascos nos fins de semana prolongados. Eles até chamam de 'churrálcool', porque, neles, a carne não é o que mais importa, e sim a convivência regada a cerveja.

Pois então. Chegou o dia em que tive que dizer 'não' para eles porque percebi que aquelas atividades não se alinhavam com a minha rotina e com as minhas metas. Não sei o que eles pretendem da vida, mas, pelo jeito, se querem progredir, não têm pressa.

33 KELLER, G.; PAPASAN, J. *A única coisa: o foco pode trazer resultados extraordinários para sua vida.* São Paulo: Editora Figurati, 2014.

Ou talvez continuem nesse ritmo, vai saber. O que eu sei é que para atingir meu objetivo de terminar logo esse curso preciso de tempo para estudar.

Estava sobrecarregado e percebi que não era pelas atividades de rotina — essas, na verdade, são leves —, mas pela tentativa de dar conta de tudo: o que comecei a fazer e o que fazia com meus amigos, que continuam ocupados, mesmo que alguns nem estudem direito. Dizer 'sim' a todos os convites deles me deixava exausto, irritado com tarefas que hoje considero mais importantes e, no fim, improdutivo.

E sabem o que eu precisei fazer para dizer esse 'não'; para me posicionar de acordo com meus objetivos? Parar, pensar e avaliar. Duas perguntas que me fiz durante um desses churrascos foram decisivas: isso aqui ainda tem sentido para mim? Está alinhado com o que eu quero nesse momento? Para as duas respondi que não. E aí ficou fácil mudar de rumo.

E sabem por que estou seguro de que fiz a coisa certa? Pelo alívio e satisfação que senti quando me posicionei. Percebi que, ao fazer isso, escolhi me alinhar comigo mesmo e me manter firme no meu propósito, com foco e sem desvios."

O "não" bem dito é o demarcador de limites, e eles mudam de acordo com as prioridades do momento. Esses questionamentos que o Pedro se fez são estratégicos para que nos situemos. Lógico que valem somente se as metas estiverem claras. A eles acrescento um mais: por que continuamos dizendo "sim" mesmo que já tenhamos dito "não" para eles dois? Medo de rejeição? Da perda? Da reação dos outros? É para se pensar nisso também. E reler o capítulo 3.

Seleção das relações interpessoais

Dizer "não" com consciência e segurança pode ser comparado a um filtro por que passam as pessoas a sua volta e que retém os interesseiros, os manipuladores, os "amigos" condicionais – que ficam por perto somente enquanto faz o que eles querem, e os abusadores. Por outro lado, esse filtro auxilia na seleção dos que respeitam você e os limites que você impõe, com quem vale a pena ter conexões mais fortes e saudáveis.

Colocado de outra forma, dominar a arte de dizer "não" determina que pessoas permanecem na sua vida e revela com quem vale (ou não) a pena se vincular. De que modo? É o que vou explicar a seguir. Quando se coloca limites de modo claro, a primeira reação dos outros é uma entre três possíveis: respeitar seu posicionamento, testá-lo para ver se ele é firme, ou se afastar. Os da última categoria revelam que estavam em torno de você por conveniência. Ou seja, a resposta ao seu "não" bem dito permite a distinção entre quem respeita seu espaço e quem só quer se aproveitar dele; de quem se relaciona com você por lhe querer bem dos que estão apenas interessados pelo que você oferece.

Um subproduto da distinção acima é que o "não" revela interesses e sentimentos ocultos de algumas pessoas, que se mostram gentis e parceiras enquanto você é disponível e solícito. Basta um "não" bem dito para que façam críticas (veladas ou nem tanto) e chantagem emocional, ou para que simplesmente se distanciem. O "não" separa o joio do trigo, o vínculo utilitário do verdadeiramente afetuoso.

Uma das razões para se falar "sim" mesmo quando o desejo é de dizer "não", como destrinchamos no capítulo 3, é o medo de ficar só. A autoestima baixa e a carência afetiva fazem com que se aceite qualquer tipo de relação. Antes mal acompanhado do que só é o mote. O desenvolvimento da assertividade, da qual é parte inerente a arte de dizer "não" com desenvoltura, faz com que os critérios de seleção das pessoas com quem se relaciona sejam outros: se o balanço é positivo (mais agregam do que subtraem), se a relação com elas é respeitosa e genuína (não condicionada por interesses mesquinhos), se os vínculos se baseiam em presença participativa e autêntica, e se prezam o respeito mútuo.

Como espero ter demonstrado, o "não" assertivo não somente protege contra relações desequilibradas, mas também permite a seleção das pessoas com quem vale a pena construir algo entre as que cruzam o seu caminho ou orbitam à sua volta movidas por interesse. Pessoas narcisistas, manipuladoras ou controladoras não se sentem confortáveis com quem sabe se posicionar. Por outro lado, quem respeita seus "não" e reconhece sua integridade permanecerá ao seu lado.

CAPÍTULO 15

BONS MODOS DE DIZER "NÃO"

A capacidade de dizer "não" com respeito e delicadeza é uma habilidade importante e gratificante. Faço a seguir uma compilação das boas maneiras de dizer "não" inspirada no que propõe Damon Zahariades em The art of saying no (2017), ainda sem tradução para o português, expandida com reflexões que tenho feito sobre o assunto.

Substitua o "não" por outra palavra

O "não", mesmo que dito de maneira gentil e bem fundamentado, pode ter efeitos negativos. A resposta emocional e comportamental do outro à sua negativa não é de sua responsabilidade; não é algo que você possa controlar. Sei que isso você já leu essa afirmação em várias seções deste livro. Mas é tão importante que fiz questão de insistir nela o quanto pude. Acreditar no contrário é um erro crasso. Persistir nele, no entanto, não é burrice, como muitos pensam, mas sim um indicativo de que a impossibilidade de fazer diferente tem motivação interior mais forte.

Mesmo sabendo que muito provavelmente o "não" não será bem aceito, que dificilmente ele será dissociado de sentimento de rejeição por parte do seu interlocutor, que a maioria das pessoas não tem preparo para escutá-lo e assimilá-lo como resposta natural a um pedido e que ele poderá ser usado para prejudicá-lo, espero que esteja claro que dizer "não" é o melhor a fazer em algumas situações. Felizmente, a palavra utilizada pode ser outra que não o "não". Afinal, o que importa é a mensagem que quer passar, e ela pode perfeitamente ser transmitida de outras maneiras e com outras palavras. Vamos a alguns exemplos.

O primeiro, dado por João "safo", foi a forma como declinou de si — sem faltar com a verdade — à solicitação que um amigo lhe fizera:

"Bem que gostaria de ajudar, mas estou muito sobrecarregado nesse momento, com pessoas dependendo de mim para finalizar o projeto. Se eu desvio meu foco para atender seu pedido, vou deixá-los na mão."

O outro exemplo, quem muito gentilmente cedeu, foi Marcos "assertivo", explicando como se esquivou de emprestar dinheiro, que tinha, mas já estava comprometido, para um conhecido:

"Se fizer o que está me pedindo, não vou ter para pagar os meus compromissos, que não são poucos. Sei que me entende. Se não, lamento."

Pode parecer tolo, mas recusar solicitações não dizendo "não", como exemplificado acima, funciona muito bem para amenizar sua negativa e desarmar uma reação intempestiva do seu interlocutor. E mais, é uma tática efetiva para qualquer tipo de demanda.

Assuma sua decisão ("não quero" em vez de "não posso")

Já reparou com que facilidade dizemos "não posso" quando alguém pede um pouco de nosso tempo, dinheiro ou trabalho? Às vezes, sai automaticamente, sem mesmo que saibamos qual será o pedido. E o pior é que, se analisarmos bem, até que poderíamos ceder parte do nosso tempo, algum dinheiro e até dispor algum esforço físico. Por que isso acontece? Simples: para não assumir a titularidade da decisão, para não deixar claro que é uma escolha pessoal e para passar a ideia de que a recusa se deve a um impedimento externo, a alguma força oculta.

Com o tempo, essa atitude pode até servir de autoengano ou, pior, transformar-se em uma verdadeira crença de que a resposta não tem a ver com o seu livre arbítrio e suas decisões pessoais escapam à sua competência. Na próxima oportunidade, em vez de dizer "não" porque não pode, diga-o porque não quer. E revele a razão — honesta e sincera, e não somente uma desculpa qualquer. Respondendo dessa forma a solicitações que não deseja atender estará afirmando sua vontade e autoridade pessoal; demonstrando que é uma escolha consciente sobre como dispõe do seu tempo, da sua energia e dos seus recursos. Quanto mais se exercita o "não porque não quero", mais se desenvolve a assertividade necessária para fazê-lo e maior o respeito dos que o procuram com alguma solicitação.

Tenha bem claro o porquê do que está fazendo

No capítulo 3 destrinchei algumas possíveis razões para a dificuldade de dizer "não", mas vale destacar que uma delas é o medo de "ficar mal na fita", de "queimar o seu filme" com pessoas que, de uma maneira ou outra, lhe são importantes. Outra, sem dúvida relacionada com essa primeira, é o receio de deixar passar uma oportunidade que poderia ser boa e talvez valesse o sacrifício (colocar seus próprios compromissos em segundo lugar e desperdiçar de tempo e energia preciosos).

Vai exigir tempo, paciência, coragem e determinação, mas, da próxima vez em que você notar em si o risco iminente de dizer "sim", pare por um momento. Se dê um tempo para buscar compreender o que está por trás dessa intenção. Existe algum interesse pessoal? A chance de ele ser obtido é real? Vale a pena? Se a resposta para essas perguntas for positiva, não hesite, vá adiante. Do contrário, talvez seja mais negócio fazer o esforço para dizer e sustentar um "não", mesmo que aparentemente o custo pareça pequeno. Talvez se surpreenda ao constatar que muitas oportunidades parecem promissoras em tese, mas na realidade não o serão na prática.

Peça para o solicitante procurá-lo novamente um pouco mais tarde

Atente bem, pois essa atitude não é o que pode parecer, uma simples tática de esquiva, mas sim um artifício para adiar a solicitação, proporcionando-se mais tempo para avaliá-la. Ela serve também para reforçar que o ônus do pedido fique com quem de direito: o requisitante. É ele quem tem que administrar a urgência da sua necessidade.

Suponha, por exemplo, que um colaborador lhe chega dizendo, logo no início da jornada de trabalho, enfaticamente, que realmente precisa da sua ajuda em determinado projeto. Luísa "assertivo" responderia, sem maiores dificuldades, como o fez, aliás, da seguinte maneira:

"Agora, nesse momento, é impossível. Estou envolvida com meus próprios afazeres. Mas venha me procurar de novo se não conseguir que alguém o auxilie antes disso, depois do almoço, quando as coisas devem estar mais calmas."

Note que ao fazê-lo dessa forma, ela se esquivou da pressão que o colega tentou colocar nas costas dela, valorizou as obrigações que já tinha assumido, sem se comprometer e nem mesmo ter que pensar sobre aceitar ou não a solicitação. Deixou para depois, quando poderá avaliar melhor e apresentar sua decisão final. Não sei se percebeu a sutileza, mas é uma postura que revela interesse, preocupação e respeito para com o solicitante.

O recurso de pedir que o solicitante o procure mais tarde redundará em uma de três possibilidades: ou ele vai procurar auxílio em outro lugar e com outra pessoa; ou ele resolve se virar sozinho, como pode; ou voltará mais tarde para saber se você terá disponibilidade para ajudar. Nesse segundo momento, todavia, você já se deu mais tempo para pensar sobre o assunto, principalmente em que medida dar uma mão, atender à solicitação, atrapalharia de fato o andamento de seus planos.

Ofereça uma alternativa

Ninguém gosta de ser deixado na mão. E um "não" pode significar exatamente isso: sinto muito, se vira. Uma maneira de amenizar o "não", de dizê-lo e sustentá-lo sem causar essa impressão, é de, ao fazê-lo, oferecer uma alternativa. Marcos "assertivo" faz isso como poucos e explica:

"Em vez de simplesmente dizer "não" e deixar meu funcionário ao Deus dará, quando ele veio me falar que sem minha ajuda não conseguiria terminar a tarefa que o supervisou lhe pedira, sugeri que ele falasse com fulano, que seria capaz de dar uma força e estava mais disponível"

João "safo", que passava pelo corredor e escutou nossa conversa, também relatou como saiu de uma saia justa em que uma amiga tentava colocá-lo:

"Disse um 'não' parcial. Que não poderia ajudá-la a fazer tudo o que ela estava pedindo, mas conseguiria fazer uma das tarefas, no caso, conversar com a moça da imobiliária sobre a renovação do aluguel. E arrematei sustentando que era o que eu poderia fazer e perguntando se ela aceitaria, pois do contrário, nem nisso ela poderia contar comigo."

Entenda bem que você não tem que oferecer alternativas para o solicitante. Às vezes isso nem é possível, mas quando lhe surge algo em mente, poderá fazê-lo como um gesto de amizade e consideração. Nada mais. Mesmo assim, é muito possível que a opção que ofereceu — quer tenha sido o nome de outra pessoa ou uma contribuição menor do que a solicitada — seja bem apreciada.

Sugira pessoa mais qualificada

Sem dúvida, na maioria das vezes por desconhecimento de quem pede, você vai escutar solicitações que seriam mais apropriadas e com certeza mais bem executadas por outra pessoa. É o caso, por exemplo, quando alguém me pede para ajudar com uma instalação elétrica, algo de que não entendo absolutamente nada. Nessas horas, declinar do pedido, sugerindo alguém mais capaz para realizar aquela tarefa, é o mais sábio e o melhor fazer. Para todos. Pouparia tempo e energia de ambas as partes, do solicitante e do solicitado.

Veja que bom exemplo Luísa "assertivo" deu:

"Quando meu amigo me pediu para revisar o TCC (trabalho de conclusão de curso) dele, respondi, sem hesitar, que eu não seria a melhor pessoa para fazê-lo. A razão era muito simples: nunca tinha feito algo assim antes e, portanto, não seria logo com o trabalho dele que eu faria pela primeira vez. Sugeri que procurasse uma conhecida comum, que estava habituada a esse tipo de revisão, e que faria muito melhor."

Observe que não é um simples "não" que está sendo dito. Como quando se pede para a pessoa voltar mais tarde (tópico anterior) a ideia aqui não é simplesmente recusar, deixando o outro sem opção, mas sim ajudar de maneira diferente da que foi solicitada.

De novo, João "safo", deu sua contribuição:

"Não jogo futebol. Na verdade, tenho 'duas pernas esquerdas' e sou destro, aí está uma habilidade que não desenvolvi apesar de várias tentativas. E não é que, durante férias na praia, um cara do grupo, que não me conhecia direito, veio me chamar para jogar altinho, argumentando que com mais pessoas é mais legal e tal. Nem perdi tempo me explicando, disse que o fulano ali ao meu lado adora altinho e estava sempre a fim de jogar. E assim foi. Me livrei do mico e da perda de tempo, enquanto o fulano, o cara que me chamou e os outros foram bater bola."

A negativa — que nem parece negativa — acompanhada de um encaminhamento para alguém mais competente é uma boa maneira de dizer "não" sem culpa. Aliás, ao sugerir alguém mais capacitado para realizar a tarefa, você está, na verdade, prestando um favor.

Justifique sua impossibilidade

Para essa tática ser efetiva e não dar lugar a sentimento de culpa, é absolutamente necessário que a justificativa seja verdadeira, que realmente não haja disponibilidade de tempo para atender à solicitação. Em outras palavras, não dê desculpas para parecer que está muito ocupado. Descrever sua agenda abarrotada de tarefas elimina margem para pressão por parte do solicitante.

Luísa "assertivo", mais uma vez, tirou de letra o pedido de uma tia para acompanhá-la em consulta médica. Apesar da assertividade, marca registrada da família, Luísa é tida como muito solícita pelos parentes. Entenda bem se ainda não ficou claro: ser assertivo nada tem a ver com falta de educação, grosseria ou egoísmo. Até pelo contrário, a pessoa assertiva em geral é benquista, respeitada e, quando lhe é possível, prestativa. Eis como ela conduziu a conversa, evitando que se criasse um impasse:

"Gostaria muito de ir com você, tia, mas hoje é um dia ruim. Veja minha agenda. Tenho fisioterapia daqui a pouco, depois, ainda de manhã, vou ao banco. Após o almoço, vou tingir o cabelo, depois ao supermercado e, mais no fim da tarde, tomar um lanche com amigas. Hoje realmente não vai dar."

Serão poucos os solicitantes que irão insistir, tentar negociar ajuda, ao verem que está tão ocupado.

Diga não por categoria

Se você for como eu, recebe o mesmo tipo de solicitação repetidas vezes. Caso não tome uma providência isso vai continuar acontecendo, mesmo que a cada nova edição do pedido/apelo/súplica você diga "não", o que, como já sabemos, é desgastante e cansativo. Um problema que se repete com regularidade não foi resolvido. Valho-me de uma estratégia que costuma dar bom resultado. É (aparentemente) simples e poderá lhe ser útil. Repare que boa parte do que escrevi neste livro parece simples e óbvio, mas exige considerável esforço de assimilação. Além disso, envolve humildade, capacidade de autocrítica, planejamento bem fundamentado e paciência para ser colocado em prática.

O ensinamento que uma vez recebi, que procuro levar a efeito sempre que posso, e que agora passo à frente, é de ter como regra dizer "não" para solicitações que agrupei em categorias (qualitativamente parecidas ou que envolvem algum dia específico, no qual já tenho compromisso assumido). Gosto da ideia de ter uma regra porque, embora sempre terá exceções, facilita a primeira resposta.

Por exemplo, nem adianta me chamar para um happy hour, me oferecer algo que tenha coco na sua composição ou me convidar para algum evento muito em cima da hora. Custou, mas consegui fazer da negativa a resposta padrão para essas solicitações. Lógico que isso depois de ter cedido muitas vezes e de ter dito aquele "não" vacilante, sem graça e acompanhado de explicações detalhadas, inúmeras vezes mais.

Hoje quem me conhece ou conhece quem me conhece já sabe disso. Demorou, mas valeu a pena. Não perdi um amigo verdadeiro sequer e nem fui rejeitado ou ridicularizado por isso. Pelo contrário. As pessoas simplesmente não me pedem mais essas coisas. Quando acontece de alguém pedir, o "não" virá, mas ficará claro que ele se deve ao tipo de requisição e não à pessoa que pede. Esta, por isso, não se sentirá rejeitada e não terá porque ficar magoada. O "não" para uma categoria o torna impessoal. Quando, algo que acontece raramente, me deparo com alguma exceção à minha regra e digo "sim", acontece até de a pessoa ficar surpresa e feliz por saber que estou abrindo uma exceção no caso dela.

Capítulo 16

O "não" nos relacionamentos interpessoais

Conseguir dizer (e sustentar) um "não" justificável e de maneira adequada (polida, firme, equilibrada e não agressiva) em resposta a solicitação de outra pessoa é uma das habilidades sociais mais importantes que um ser humano pode desenvolver. Ela nos liberta para perseguir nossos próprios interesses, tanto pessoais quanto profissionais.

Uma vez essa habilidade incorporada na caixa de ferramentas relacionais, o rendimento passa a ser maior e os relacionamentos de melhor qualidade – baseados em respeito mútuo, confiança, comunicação efetiva, independência e responsabilidades compartilhadas com limites bem estabelecidos. Além disso, dominar essa habilidade é muito tranquilizador.

De outro modo, dizer "não", principalmente para alguém que se quer bem, não é agradável, a não ser que a pessoa curta um certo sadismo. Não creio que seja o seu caso, pois se fosse não teria lido mais de três quartos de um livro cujo tema principal é diametralmente oposto ao sadismo, qual seja, a importância de saber dizer "não" oportunamente, sem hostilidade e com respeito.

Por mais que se tenha clareza de que é o melhor a fazer, dizer e sustentar um "não" é sofrido em alguma medida. Pode estar certo, no entanto, de que o esforço vale a pena.

No fim das contas, será ele o responsável pela "calibragem" dos novos termos da relação, nos quais as expectativas serão mais realistas: ocasionalmente você vai dizer "sim", mas, não poucas vezes, vai dizer "não" a pedidos e solicitações, que serão bem fundamentados. Por essas e por outras é que considero o "não" o demarcador de limites. As pessoas que realmente se importam com você compreenderão que algumas vezes terão que escutar um "não" seu.

PAIS

Honrar pai e mãe é um dos mandamentos do decálogo escrito por Deus e entregue a Moisés, libertador e legislador de Israel, segundo a Bíblia. Mas amá-los, honrá-los e respeitá-los significa sempre dizer "sim" para eles e satisfazer todas as suas vontades?

Pode estar certo que não.

Raul "contido" conta uma passagem que ilustra bem a dificuldade dele de dizer "não" para os pais e como isso pode resultar em desperdício de tempo, de energia, de dinheiro e de bom humor.

"Não gosto de falar 'não'. Acho que é falta de respeito. Mas aí entro em cada uma que vou te contar", ele logo explicou. E o que aconteceu? Os pais iam a uma consulta médica em São Paulo. Na verdade, o pai tinha uma consulta cardiológica e a esposa ia com ele.

"Decidiram que iam de avião, mas, depois de comprar as passagens e já na véspera da viagem, me telefonam dizendo que estavam achando melhor ir de carro. Argumentaram que, se colocassem na conta a obrigatoriedade de chegar ao aeroporto com uma hora de antecedência e o deslocamento do aeroporto até o consultório médico, compensava mais ir de carro direto..."

Quando comentei que era um bom argumento, ele se irritou:

"Mas já fizemos essa conta várias vezes! Dependendo do que se vai fazer, é melhor ir de carro. Numa situação dessas não vale a pena ir de avião!"

Estranhei a reação dele. Exatamente por ser "contido" não era de seu feitio se exaltar, mas ele logo se recompôs, pediu desculpas e explicou o que se passara nos últimos dias:

"Há semanas eles ficam nesse vai e vem: um dia querem ir de carro, no outro dizem que é mais sensato ir de avião, porque cansa menos. Refazem os planos, mudam de ideia novamente... não aguento mais! E, como sempre, sobrou para o senhor".

Dizer alguns "não" para os pais não necessariamente é sinal de desrespeito. Ao contrário. No caso relatado acima, quando Raul se posicionou como quem iria dar a palavra final, os pais ficaram aliviados. Ao mesmo tempo que gostam de ter autonomia em algumas questões, em outras preferem que ele tome a frente. Até porque, se algo der errado, terão a quem responsabilizar. Desse risco, Raul não escapará, mas penso — e ele concorda comigo — que a intensidade das reclamações será sempre menor que o falatório em torno da dúvida que vigora enquanto ele não dá a palavra final (que sempre implica um "não" para alguém).

Não raro se observa alguns abusos cotidianos sutis por parte dos pais que, uma vez detectados e compreendidos, podem ser combatidos e neutralizados com um "não" bem-dito. Eles em geral começam cedo e se perpetuam - às vezes, normalizados - pelo fato de não serem percebidos ou porque o filho ou a filha — e estou me referindo a adolescentes e adultos jovens — não se sente no direito de dizer "não".

Aliás, você pode se perguntar, por que esse "não" para os pais costuma ser tão difícil? Vou lhe dizer: porque, desde muito cedo, aprendemos que amar é igual a obedecer, ser grato é igual a ceder e contrariar equivale a ser mau filho ou má filha. Simples assim. Mas a verdade é que respeito mútuo não deriva da obediência e sim da autonomia dialogada. E isso não é coisa atual, um modismo, é algo reconhecido há muito tempo. Dizer "não" com respeito e boa argumentação não é rejeitar o amor dos pais, mas sim contribuir para que ele seja colocado num patamar saudável.

Uma das situações em que se faz necessário colocação de limites é a de chantagem emocional travestida de demonstração de afeto. Um exemplo? Pois não. Quando o pai ou a mãe falam "depois de tudo o que fiz por você, é assim que me trata?" ou "vou ficar muito triste se você não fizer isso" ou ainda "se não fizer como eu quero é claro que não gosta de mim". Nesse caso, o "não" poderia ser colocado da seguinte forma: "amo você, mas não posso fazer isso só para evitar que fique triste. Preciso fazer escolhas que façam sentido para mim". Perceba que assim se recusa a instilação de culpa como estratégia de controle.

"Tenho algo a dizer...". Essa é a Bruna "tô-nem-aí", para minha surpresa, porque ela dá a entender que fica à margem dessas questões. Serviu para mostrar que não há quem esteja imune a elas.

"Não suporto quando minha mãe ou meu pai entram no meu quarto sem bater. E fiquei possessa quando soube que minha mãe tinha mexido no meu celular. Achei o 'ó' as justificativas dela. Disse que não tinha nada a esconder e esperava o mesmo de mim, que fazia essas coisas para minha segurança. Tudo bem, dependo financeiramente dos meus pais, mas isso dá direito a eles de invadirem minha privacidade? Não concordo. Me tratam como se ainda fosse uma criança."

Ela tem razão de se incomodar. Mesmo que os pais estejam preocupados e bem-intencionados, não deixa de ser invasão de privacidade (mal) disfarçada de zelo. É um fenômeno conhecido que alguns pais têm dificuldade para desempenharem seu papel com filhos adolescentes e adultos jovens, mesmo tendo sido impecáveis no trato com os filhos quando crianças. Nessa transição, o "não" dos filhos mais velhos pode ajudar na demarcação do território deles, que é naturalmente maior do que quando eram crianças.

Como Bruna reage nessas ocasiões? Nas palavras dela:

"Fico puta da vida, grito que é muita falta de respeito eles fazerem isso, que não há o que justifique. Xingo, choro de raiva..."

Trocando em miúdos, perde a razão. Melhor seria — e ela conseguiu fazer isso depois de ter compreendido que a maior interessada era ela — dizer algo como "entendo sua preocupação, apesar de achar exagerada, mas meu espaço precisa ser respeitado. Bata antes de entrar, por favor. É como eu faço quando a porta do seu quarto está fechada e como gostaria que fizesse também". Sem se dar conta, Bruna colaborava para perpetuar a visão dos pais de que ela era imatura e desequilibrada, fazendo com que justificassem para si mesmos os cuidados que tinham.

O que eu denomino desqualificação das emoções de outras pessoas, no caso aqui, dos filhos, é outra forma sutil de abuso e desrespeito. Ela ocorre quando os pais, diante de um filho com raiva, indignado ou chateado, falam "você não tem do que reclamar, na sua idade eu já trabalhava e não ficava de mimimi", por exemplo. Esse "não" é um dos mais difíceis para um filho adolescente ou adulto jovem dizer sob efeito de fortes emoções.

Tenho consciência disso. O ideal, contudo, seria que ele fosse verbalizado com serenidade. Algo como "por favor, não faça pouco do que estou sentindo. Se para você não é importante, para mim é". É um posicionamento que afirma o direito de sentir e expressar emoções sem ser ridicularizado por isso.

Companheiro(a)

Refiro-me aqui a dizer "não" ao companheiro ou à companheira com quem o relacionamento vai indo bem. Se o casal está em pé de guerra, o "não" provavelmente já é a palavra de ordem.

Numa relação afetiva madura, dizer "sim" é, nas suas muitas variações, expressão de amor, confiança e aceitação de sua cara-metade. Não é razoável supor, contudo, que por isso sempre se deva dizer "sim". Pelo contrário, dizer "não" para ele(a) não só pode ser necessário às vezes como ainda agregará valor ao relacionamento.

Um dos pré-requisitos de um relacionamento saudável é justamente a presença de limites bem definidos, muito mais estipulados, como já vimos, à base de "nãos" do que de "sins". São esses limites que auxiliam a enxergar o outro na sua individualidade de sentimentos, interesses e necessidades. Reconhecer e manter limites inspira respeito que, por sua vez, diminui ou até elimina o uso de chantagem emocional ou de apelação.

Como regra, é no âmbito da relação conjugal que se espera "sins" e "nãos" mais sinceros, mas também mais jeitosos, por assim dizer. Isso porque seu objetivo é (ou deveria ser) fortalecer o vínculo e não o esgarçar. Já compreendeu as razões pelas quais eles são difíceis de serem ditos, não é? Gosto da comparação do relacionamento a dois com a dança de salão, em que ritmo e sincronia são necessários para que a coisa flua bem. Já dançou juntinho com alguém? Não? Que pena. Se surgir a oportunidade, não a deixe passar. Perceberá que, mesmo que seja inexperiente ou não seja grande dançarino(a), vai acabar se entendendo com o seu par, desde que ele(a) também esteja disposto a fazê-lo. Isso, como você pode imaginar, implicará muitos "sim", desse jeito é bom, e "não", assim não dá certo, ditos com naturalidade, mas também sem hesitação. Do contrário, o encaixe não acontecerá.

O primeiro passo para se aprender a dizer "não" para o(a) companheiro(a) é identificar suas preferências, opiniões e convicções para, em seguida, estabelecer os limites que as refletem. Evidentemente, uma condição para dizer esse "não" específico

— que também vale para outros — é saber escutar e assimilar um "não" vindo dele(a).

Amar, verbo intransitivo?

Maria "passivo-agressivo" e a namorada vivem relacionamento estável e sério há dois anos. O mais importante para a moça é ser cuidada. E

Maria cuida. Até demais. Mima, agrada, presenteia, atende sempre. Mas sem reconhecimento nem retorno. Atente para esse diálogo que tivemos.

"Não venha você também insistir que meu relacionamento não é saudável", falou, exasperada, quando pensou que eu encaminhava nossa conversa para essa conclusão, algo que não tencionava fazer. Meu objetivo era apenas compreender o que se passava, sendo que era a primeira vez que nos falávamos. Ela percebeu minha estranheza à reação dela, e se explicou:

"Simplesmente não consigo dizer 'não' para ela, mesmo sabendo que ela está me explorando ou exigindo que faça coisas que eu não gosto com chantagem emocional."

Mesmo reconhecendo a elevação da proposta de Mário de Andrade, de que há casos em que amar é tão parte da natureza da pessoa que se torna intransitivo (e não mais transitivo direto), no fundo no fundo relações amorosas são também relações de troca. Em assim sendo, a transação tem que ser satisfatória para os dois lados se se pretende que ela seja saudável e duradoura.

A interação a dois em que os limites estejam claros e sejam respeitados tende a evoluir para a cumplicidade, uma das características do vínculo conjugal saudável. E qual o melhor demarcador de limites? O mais claro e preciso? Isso mesmo: o "não" bem dito e sustentado.

Que tal nós dois?

Também no relacionamento íntimo se fazem necessários alguns "não" para que os limites sejam estabelecidos, principalmente em situações de abuso disfarçadas de carinho ou de atitudes consideradas naturais para um, mas que ferem o outro. Os exemplos que darei a seguir são muito frequentemente tidos como de ocorrências em que as mulheres são psicológica e emocionalmente desrespeitadas e/ou abusadas. Posso lhe assegurar, entretanto, que homens também podem ser vítimas. Somente o "não" firme, assertivo e bem colocado, o posicionamento contra o que é proposto, permitirá a construção de um relacionamento mais respeitoso. Ou isso, ou ele simplesmente não irá adiante, o que, vamos e venhamos, não é simplesmente um término, mas um livramento.

"Ceder para evitar briga" é algo que explica a ocorrência de vários abusos sutis. Não se iluda: não serão passageiros. É muito mais provável que haja uma escalada na frequência e na intensidade deles do que sua extinção gradual. Alguns exemplos corriqueiros: você não quer sair, mas vai mesmo assim, porque senão ele/ela fica emburrado(a) ou você aceita algo que lhe é sexualmente desconfortável para "não estragar o clima".

"Recentemente, uma amiga me contou uma ocorrência que servirá de exemplo para essa questão delicada", fala Joana "inseguro".

"Ela, minha personal, queria engravidar fazia algum tempo. E o 'namorido', com quem mora há três anos, não queria saber de filhos. Há umas duas semanas, ela me disse toda contente que ele finalmente concordara. Só que não! A atitude dele, como depois vimos, não condizia com o discurso.

Isso ficou claro quando ela revelou a mim e a uma amiga, que também frequenta a academia sob sua orientação, que estava no período fértil e que, além de ele não ter se animado para manter relações com mais frequência, quando aconteceu, insistiu que fosse apenas anal — prática que o agradava e não a desagradava. Esse detalhe, porém, não foi o problema. Sei que muitas mulheres não gostam — eu mesma não aceito —, mas não era o caso dela.

A personal parecia não ter entendido a violência que sofrera. Acho que estava em negação. Fiquei chocada, mas escutei calada. Minha amiga, mais bocuda, não seconteve:

'Você, ovulando, toda feliz com a aparente concordância dele com seus planos e ele só quis relação anal?! Acorda, menina. Cai na real. Ele não quer um filho, pelo menos não por agora'.

Ela ficou chocada também. Até então não havia se dado conta do que acontecera. Acho que estava perdida em suas fantasias e dissociada da realidade, mas não pôde fingir que não havia visto o que lhe fora mostrado.

Na aula seguinte, dois dias depois, ela contou que chegara bufando em casa depois da nossa conversa e deu uma prensa no parceiro. Ele admitiu que estava em dúvida, que pediu que a relação fosse daquele jeito conscientemente, porque não se sente ainda preparado para esse avanço no compromisso deles, mas que, de verdade, vinha se animando com a ideia da gravidez. Pelo menos, eles estão de novo na mesma página e seguem conversando."

Paulo "inseguro-safo" pede a palavra:

"Até para reforçar o que você disse sobre não serem sempre as mulheres as abusadas, queria contar algo que aconteceu recentemente no meu namoro. Estamos juntos faz uns quatro meses e vai tudo indo bem, menos a vida sexual. No começo, sabem como é: aquele jogo de sedução, cada um dando o melhor de si, e era tudo de bom na cama. Eu fazia de tudo para agradar e acho que a acostumei mal.

Ela queria que todas as vezes que transássemos fossem boas, intensas e duradouras como as primeiras. Isso me deixou muito ansioso. O que era para ser prazer se tornou um tormento. Vou dar conta? Vou satisfazê-la? E ia até mais longe: será que esse namoro tem futuro? Até quando vou conseguir levar isso? Já estava até tomando tadalafila[34] quando sabia que iríamos nos encontrar, para me garantir."

Detalhe: Paulo tem 21 anos.

"Mesmo assim, uma vez eu falhei. Aí, fiquei mais inseguro ainda. Foi quando, depois de muito sofrimento e com a ajuda do doutor, me dispus a ter uma conversa séria com minha namorada. Disse que a amava, mas que não conseguia dar conta do nível de exigência dela na cama. Fiz uma comparação entre o jeito que se come nos dias de semana, quando

34 Inibidor da enzima fosfodiesterase tipo 5, responsável pela regulação do fluxo sanguíneo no pênis. Indicada para tratamento de disfunção erétil e para alívio de sintomas da hiperplasia prostática benigna.

as refeições são simples e práticas, com as ceias de Natal e de passagem de ano, verdadeiros banquetes. Argumentei que não dá para banquetear todo dia e que era o que ela estava querendo — uma refeição completa, desde entrada até sobremesa, passando por três pratos intermediários — sempre que ficávamos juntos, e que para mim isso era demais."

Analogias como essa que o Paulo fez são bastante úteis para expressar ideias ou conceitos complexos. Mas, será que funcionou nesse caso?

"Estávamos na cama. Eu quis ter essa conversa antes de mais nada. Ela escutou com atenção, falou que fazia daquela maneira pensando que era o que eu desejava e, como me ama, queria me agradar, mas admitiu que para ela também estava cansativo. A partir de então, constatamos que um arrozinho com feijão e mistura, bem preparados, são saborosos e nutritivos."

Depois não me venha com reclamação

Chantagem emocional, sarcasmo e ironia podem ser a reação a um "não". Devemos estar cientes disso para não cair na armadilha. Você recusa algo, e o outro muda o humor, fecha a cara e responde secamente: "depois não diga que não me esforço". Isso é pura chantagem emocional. A mensagem aqui é "ou cede ou vai pagar caro". Colocado assim, didaticamente, poderá parecer até caricato, mas imagine essa dinâmica com mais nuances e sutilezas. Pode acreditar quando afirmo que muitos entram nesse jogo perverso.

Faço questão de enfatizar que esse tipo de ocorrência não se dá só no sentido de homens em relação às mulheres. O inverso também é verdadeiro, e mais comum do que se pensa. Boa parte dos homens ainda é ensinada desde cedo a não expressar fragilidade emocional, o que os torna particularmente limitados para identificar situações em que seus limites estão sendo violados.

A seguir, alguns exemplos de reações femininas que configuram abusos sutis em relacionamentos, dos quais homens que têm dificuldade em dizer e manter um 'não' podem ser vítimas.

Quando o homem se recusa a fazer algo e recebe como resposta, em tom de desprezo ou sarcasmo: "nossa, nem parece homem", "que estranho... um homem não querer isso", "nossa, que sensível" ou ainda "você reclama demais, está sempre cansado". São situações em que o homem é questionado quanto à sua masculinidade, tem suas necessidades emocionais ignoradas e seus limites desrespeitados como estratégias de pressão para que a parceira obtenha o que quer.

A verdade é que, em um relacionamento saudável, ou na construção de um relacionamento desse nível, se reconhece que um "não" não é, necessariamente, sinal de egoísmo, mas sim de integridade e de reconhecimento dos próprios limites. Eles até podem ser negociados, mas não desrespeitados ou desconsiderados.

Filhos

Dizer "não" para os filhos, principalmente quando eles são crianças e, mais ainda, quando adolescentes, é (ou deveria ser) inerente ao papel exercido pelos pais – de educadores, formadores da geração que vem a seguir. É dever deles colocar limites, contribuindo assim para a formação de jovens civilizados e capazes de lidar com as dificuldades que a vida impõe. Para os interessados, especificamente, na importância do "não" para crianças, recomendo a leitura do livro *Dizer NÃO: impor limites é importante para você e seu filho*, da psicóloga britânica Asha Phillips, especialista no tema.

O exercício da habilidade de dizer "não" pode (e, a meu ver, deve) ser realizado em casa. Os pais interessados em contribuir para o bom desenvolvimento de seus filhos, que estão antenados com sua formação, sabem que têm que colocar limites para eles. Como já vimos, mas não custa repetir, o "não" é o demarcador de limites por excelência.

Quando acusados pela criança aos prantos de que não gostam dela porque não estão fazendo sua vontade, devem ter na ponta da língua que gostam sim. E mais, que justamente por isso, porque gostam e se preocupam, é que precisam ter algumas atitudes mais firmes. Negar algo não tem a ver com não gostar; não é pessoal. Isso vale para a relação de pais e filhos crianças e adolescentes como também entre adultos.

Como é difícil dizer "não" para filhos! Esse para mim é o mais doído, mas, ao mesmo tempo e sem sombra de dúvida, o mais importante. É impossível educar bem os filhos, no sentido de lhes transmitir princípios e valores, só dizendo "sim". Por outro lado, que pai e mãe (saudáveis) não querem ver seus filhos felizes e realizados? Proporcionar- lhes a oportunidade de conhecer coisas novas? Daí se depreende uma das razões pelas quais dizemos mais "sim" do que "não" para eles, e muito mais frequentemente do que se deveria.

Há fatores externos, alheios à relação pai/mãe e filho, que dificultam o "não", ou que fazem com que, depois de resistência maior ou menor, ele se transforme em "sim". A pressão do cônjuge, de parentes (em geral avós) e de amigos, para os quais não queremos passar a ideia de sermos muito duros, é um deles. Outro seria a preocupação com a imagem em lugares públicos. Muitos não gostam de serem tomados por tiranos cruéis pelos passantes, daqueles que só dão bronca e chamam atenção "da coitadinha da criança". Eu já não mais, mas passei por essa fase, principalmente quando os filhos eram pequenos.

Para complicar um pouco mais, se os pais não tiverem consciência da importância do "não" na formação dos filhos, eles, desde criancinhas, aprenderão rapidamente que, se fizerem pressão na medida certa, conseguirão o que querem; transformarão um "não" (aparentemente) convicto em "sim".

Dizer "não" para os filhos tem a ver com estabelecer limites, deixar claro o que e quando lhes é permitido fazer, de modo a ajustar as expectativas deles. Esteja preparado, sempre alerta, contudo, para tentativas de violação desses limites e testagem das regras impostas. Quem tem filhos (ou sobrinhos ou netos ou afilhados) sabe como é. Para uma criança um "não" significa "talvez" até prova definitiva em contrário. Lembre-se de que a criança não se interessa por explicações longas para sua negativa, mas sim em que diga "sim". E muitas vezes vence pelo cansaço.

A psicóloga Fernanda Lee[35] vale-se do acrônimo SETA para sumarizar quatro maneiras de dizer "não" para crianças impondo limites com respeito e sem perder a paciência. São elas:

1. Sem discussão – você fala não e sai andando, ou diz "não" e sorri.

2. Estabelecendo condições – você explica que primeiro a tarefa deve ser terminada e depois pode assistir TV.

3. Terminando com um questionamento – "não, porque não tem um adulto meu conhecido lá. Você tem mais alguma pergunta?".

4. Fazendo acordo mútuo – "não, porque não tem um adulto meu conhecido lá. Se pensar em alguma alternativa que leve em conta minhas preocupações, estou disposto(a) a escutar".

Com filhos, mais que em outras relações, em virtude da responsabilidade que temos em mãos, é crítico que se sustente o "não" depois que ele tiver sido dado, independentemente das táticas empregadas para que você mude de ideia. Daí a importância de ser um "não" bem pensado, fundamentado e só dispensado depois de maduro. Depois que a criança

35 Mestre em Educação e psicoeducadora, atua no canal **Filosofia Positiva Oficial,** no YouTube, que vale a pena ser seguido, se você quiser boas dicas para lidar com seus filhos.

aprende que seu "não" é "não" mesmo, a ocorrência de birra e de comportamento manipulador diminui consideravelmente.

Espero que tenha sido bem-sucedido com seus filhos enquanto eles eram crianças pois, do contrário, quando adolescentes exigirão mais de você. Mesmo que tenha deixado claro para eles quando crianças o que podiam e o que não podiam fazer, o que seria e o que não seria aceitável, na adolescência eles precisarão ser lembrados disso. Por duas razões. Primeiro, porque a adolescência é uma fase de revisão, uma oportunidade para se resolver questões pendentes até então. Segundo, porque, em função da anterior, é uma etapa em que a gestão de limites – anteriormente estabelecidos ou sendo colocados tardiamente – é a ordem do dia, de todos os dias.

De um lado, temos o jovem, se achando o máximo, buscando se autoafirmar, forçando a barra para ampliar sua liberdade de ação e sua autonomia ultrapassando as demarcações pré-determinadas. Do outro, os pais, defendendo-as para retardar o processo, se assegurar de que o filho adolescente já é maduro o suficiente para enfrentar a vida.

Esse confronto é absolutamente natural, mas pode se tornar tenso e tumultuado por "nãos" curtos e grossos, expressos sem maiores explicações, que redundam em confronto mais duro, desrespeitoso até. Para que isso não aconteça, serão necessárias grandes doses de paciência e habilidade para negociar como se pode os impasses que inevitavelmente surgirão. Também, mais do que nunca, conta muito a coerência dos pais e seu alinhamento com as regras que estipularam. Por outro lado, apesar de estar claro que os limites devem continuar existindo, eles não mais podem ser tão estreitos como eram.

Mais um "detalhe": Se os pais se mostram dispostos a negociar, que fiquem claros os termos da negociação: diálogo e argumentação com réplicas e tréplicas são aceitáveis, fazem parte das regras, mas chantagem emocional e ameaças não; são jogo sujo.

O diálogo abaixo, de uma amiga de Luísa "assertivo" com sua filha adolescente, arrogante e dramática, e que além do mais não estava em dia com suas tarefas, ilustra essas duas tentativas de manipulação:

"SE VOCÊ NÃO ME DEIXAR IR AO SOCIAL NA CASA DA MINHA AMIGA, EU NÃO VOU MAIS FAZER AULAS DE VIOLÃO!"

"Uma coisa não tem a ver com a outra. Se parar com o violão, o problema é seu. Vai deixar de fazer algo que gosta e no qual é talentosa."

"EU TE ODEIO! TENHO VONTADE DE ME MATAR!"

E a garota virou as costas e saiu pisando duro. A mãe não foi atrás, não exigiu respeito, não disse que não aceitaria que a filha respondesse para ela daquele jeito, nada disso. Às vezes, o silêncio é a resposta mais eficaz (desde que prevaleça a regra que você estipulou).

Se você for adepto da negociação, lembre-se de pautá-la positivamente, ou seja, baseada em permuta que valorize o cumprimento dos deveres para que se usufrua direitos ou benefícios. Por exemplo, concordar que seu filho vá dormir na casa do amigo se ele fizer as tarefas da escola. Tal prática encoraja o desenvolvimento de senso de responsabilidade e de deveres antes de direitos. Outra coisa: não aceite promessas em negociação desse tipo. É muita ingenuidade acreditar que serão cumpridas uma vez já obtido o que se desejava.

Dizer "não" para os filhos é estabelecer limites e padrões de comportamento aceitáveis, que devem ser defendidos de maneira firme, mas pautada pela coerência. Uma vez que entenderem que o seu "não" é mesmo "não", você certamente vai se poupar de pressões e de chantagens emocionais.

Como pais, se desempenharmos bem nosso papel, continuaremos participando da vida de nossos filhos. Eles são para toda a vida, mas quando se tornam adultos e independentes, já não nos cabe impor "nãos" secos e firmes. A melhor postura seria de conselheiros, de adultos mais experientes que respeitam as decisões deles, o caminho que escolhem seguir, e que se dispõem a, no máximo, opinar sem impor.

Como em toda relação humana, a de pais com filhos adolescentes e adultos jovens apresenta particularidades e sutilezas que podem passar batido em um exame rápido e superficial. Filhos podem cometer abusos contra os pais, principalmente quando percebem (consciente ou inconscientemente) que eles têm alguma dificuldade para estabelecer limites claros e firmes. Esses abusos não devem ser tomados como maldosos e propositais, mas, se não são identificados e neutralizados, podem se tornar um padrão nas interações. Nessas situações, tanto quanto nas mais evidentes, o "não" pode ser educativo; um demarcador de limites saudáveis. Vejamos dois exemplos.

O primeiro deles é o do adolescente que demanda liberdade sem responsabilidade, que reclama para os pais que eles o sufocam quando pedem que ele diga para onde e com quem vai sair e quando reclamam que ele não atende o celular, alegando que não confiam nele. Temos aqui uma clara tentativa de inverter a lógica ao fazer com que os pais se sintam culpados por se preocuparem. Nesse caso, a resposta assertiva seria algo como "confiança se conquista e você não está ajudando ao se comportar desse modo. Não vai sair se não disser para onde vai, com quem e a que horas volta. Não é punição, é zelo.

Não há liberdade sem responsabilidade".

Outro é do filho (ou filha, tanto faz) adulto que mora com os pais como se fosse hóspede, não colaborando nas tarefas domésticas, nem contribuindo com as despesas da casa. Gratidão porque se os pais não fazem mais do que a obrigação? Um deles teve a petulância de dizer que não pediu para nascer e que por isso os pais teriam mesmo que cuidar dele. A pergunta é: até quando? Resposta: até que se dê um basta. E ele inescapavelmente será acompanhado de um sonoro "não". Uma forma de se fazer isso seria dizendo algo como "amamos você, mas não vamos mais sustentar esse seu modo de vida. Já que você não se toca, teremos nós que ter a iniciativa".

Parentes

Dizer não para membros da família estendida pode ser bem desconfortável. As expectativas deles costumam ser altas e eles sabem como pressionar. Alguns parentes – sem dúvida você vai se lembrar de algum – são irritantemente insistentes e não hesitarão em lançar mão de chantagem emocional para obter o que almejam. Generalizando, e ciente de que há exceções, parentes realmente esperam que você deixe de lado o que está fazendo ou tem para fazer para ajudá-los.

Pense em um parente (tio, tia, primo, prima, sobrinho ou sobrinha) que simplesmente se recusa a levar um não como resposta, para quem já aconteceu de dizer "não" e depois, dada a insistência, mudou sua resposta. Encontrou algum? E com ele isso acontece com frequência? Nesse caso, você o treinou bem: ele sabe que no fim você vai ceder; que será só questão de tempo se ele persistir com a pressão. Além disso, parentes em geral sabem como deixá-lo mal por não atender um pedido deles.

Pois bem, sendo assim, como sair desse impasse que você mesmo ajudou a criar, provavelmente sem nem saber? Um caminho é estipular novas regras. Para si, não para os outros. Aliás, penso ser tolice explicitá-las. Na cabeça do outro, assim que ele for desnecessariamente informado dos limites que está impondo, surgirão algumas perguntas: será que ele vai cumprir mesmo essas regras? Será que elas também valem para mim ou serei uma exceção? Nada como ser colocado um limite para que nasça o desejo, o ímpeto, de desrespeitá-lo. Pois então, uma vez as regras postas, o desafio estará lançado.

E que regras são essas? Para começar, estipule o que estará e não estará disposto a fazer. Outra tática é estabelecer quando ajudar alguém – somente em determinados dias da semana, períodos de um dia específico, por exemplo, quando não tem compromissos pré-definidos. Fazendo isso, desencorajará demandas urgentes, "para ontem". Parece-me óbvio, mas saiba que ao fazer o que estou sugerindo, você terá que estar preparado para lidar com muxoxos, aborrecimento e mesmo com hostilidades. Disso não dará para escapar. Com tempo e consistência, porém, os limites serão reconhecidos e os parentes aprenderão que quando você diz "não", não adianta insistir.

Amigos

"Aqui não tem dificuldade", você vai pensar de primeira. "Um verdadeiro amigo vai compreender se você se negar a ajudá-lo ou recusar um pedido dele com uma boa justificativa", seria o segundo pensamento. Será mesmo? Infelizmente, nem sempre é assim.

Amigos fazem favores um para o outro. Mais até: esperam que seja assim. Sentiu o tamanho do problema? Na verdade, dependendo do que o amigo pensa sobre amizade, uma recusa não será apenas motivo de decepção, mas sim de término da amizade.

De novo nos deparamos com a questão da expectativa. Se seu amigo espera que você diga "sim" para uma solicitação, o "não" provavelmente será mais incômodo e mal recebido do que você pensava.

Com isso em mente, permita-se pensar antes de responder – aprecie o pedido (É justo? Alguém mais poderia ajudar? Tem essa urgência toda?); avalie o impacto que isso terá nos seu planos e compromissos já agendados (ser um bom amigo não significa colocar as prioridades do seu amigo na frente das suas); lembre-se de que se sua negativa for sincera, respeitosa e bem justificada, a decepção exagerada e mesmo a hostilidade do seu amigo não é problema seu; e, se ainda não o fez, estipule seus limites e comunique-os de modo honesto e sincero sempre que tiver oportunidade para se prevenir. Deixando claro suas regras, sempre poderá recorrer a elas, lembrando-se que existem exceções, que cabe a você estipular.

Encoraje seus amigos a procurarem-no em busca de ajuda, mas deixe claro que nem sempre poderá ajudá-los, que algumas vezes dirá "não", mas que quando isso ocorrer será por uma boa razão, que se espera que um amigo entenda e respeite.

Tenha sempre em mente que mesmo um verdadeiro amigo poderá mesmo de forma sutil e não intencional, ultrapassar limites. Se por qualquer razão que seja eles não forem defendidos, você consente que seu espaço seja invadido e assume um custo para que a relação se mantenha — vamos ver até quando ela vai durar, pois está terá prazo de validade, cuja duração dependerá de quanto tempo aguenta sustentar essa amizade a esse custo.

Caso ocorra essa invasão, mesmo que não intencional, o "não" precisa ser colocado. Algo como "esse espaço é meu, somos amigos, mas você invadiu meu espaço ao fazer isso". Observe que não é simples reprimenda, mas um gesto necessário para preservação de amizade saudável.

Amizade gera companheirismo e intimidade, de modo que é compreensível que os limites do aceitável e do não tolerado fiquem meio borrados. Naturalmente, eles serão testados e quem terá que sinalizá-los com clareza? Isso mesmo: você. Não dá para contar que o outro saiba exatamente onde eles estão.

Um amigo de verdade vai se revelar pelo modo como reage depois que você estabelece o limite. Por uma razão muito simples: vai compreender e respeitar. Se a "amizade" não suportar um "não", ela não era tão forte quanto se pensava, pois quando ela é verdadeira tolera a frustração, respeita as identidades e evolui dentro dos limites estabelecidos. Em assim sendo, se o amigo se afasta porque você não mais diz sempre "sim", provavelmente o vínculo por parte dele estivesse condicionado à sua submissão e condescendência.

Professores

Os professores, depois dos familiares — e, em algumas ocasiões, mais do que eles —, são as pessoas mais importantes na nossa formação. Até hoje me lembro das professoras do grupo escolar (equivalente aos quatro primeiros anos do ensino fundamental), de vários educadores do ginásio (os quatro anos seguintes do ensino fundamental) e do colegial (atual ensino médio). Isso não é à toa. Eles contribuíram — alguns mais, outros menos e alguns poucos pelo exemplo reverso — no meu desenvolvimento pessoal, em todos os sentidos: intelectual, moral e emocional. Pena que hoje em dia seja uma categoria mal remunerada, pouco considerada e não mais tão respeitada. Uma lástima.

Mesmo partindo dessa premissa de admiração, respeito e gratidão, também para os professores é, às vezes, necessário dizer "não", principalmente se o que eles exigem vá contra seus princípios, ultrapassa seus limites ou não lhe parece justificado. Nesses casos, em que há clara insensibilidade e falta de empatia do educador — título que já não lhe é mais apropriado —, dizer que "não", contestar, recusar-se e não se prestar à humilhação ou a qualquer tipo de abuso é a postura correta.

Em um extremo, bem mais ameno e até divertido, temos uma passagem com Guto "assertivo", ainda criança, que se recusava a colorir as figuras nas aulas de inglês, conforme a professora solicitava. Quando a mãe, voltando da reunião de pais e mestres, perguntou o porquê dessa atitude, ele saiu com essa:

"Se a tia me convencer que colorindo as figuras eu vou falar inglês melhor, eu pinto."

No extremo oposto, há uma situação vivenciada pela irmã dele, Bia "assertivo", à época do ocorrido, com 15 anos recém-completados. Um caso de assédio que culminou com a expulsão do professor da escola. Ela própria insistiu para que esse episódio fosse incluído aqui, mesmo porque, para ela, a coisa toda ficou bem resolvida. Passo-lhe a palavra:

"Já sabia que Maurício[36] (na casa dos 30 anos, casado e com uma filha) era muito legal. Minhas amigas do segundo ano do ensino médio — eu estava no primeiro — já tinham me falado dele, dizendo que era

36 Nome fictício.

engraçado, muito inteligente, bom de conversa e que suas aulas eram ótimas. Professor de quê? De Matemática.

De cara, já no primeiro dia, o entrosamento dele com nossa turminha foi grande. E só aumentou no decorrer do semestre. Ele nos convidou — minhas amigas e eu — para uma atividade complementar à tarde. Aí, ficamos mais próximos ainda, porque éramos cinco alunas e ele. Achávamos o máximo a atenção que ele nos dispensava e o modo como nos estimulava a pensar 'fora da casinha'.

Não vou negar: Maurício nos cativou. Mariinha e Paulinha[37], minhas melhores amigas, admitiram sonhar com ele. Comentávamos como ele era legal, como nos compreendia e ficávamos à vontade com ele. Mas quando ele veio para cima de mim com uma conversa de que nossa conexão era especial e que gostaria de me conhecer melhor, achei bem estranho.

Mais surpresa ainda fiquei quando ele me convidou para tomar um sorvete, só nós dois, depois da atividade, mas que teríamos que ser discretos, pois não seria algo bem visto pela coordenação da escola. Que o melhor mesmo seria nos encontrarmos numa sorveteria mais distante e que pagaria um Uber para eu ir para lá. Ah, falou também que não era para comentar com as outras meninas. Respondi que naquele dia não ia conseguir, que talvez em outra ocasião.

Fiquei muito dividida. Por um lado, queria muito ter essa intimidade maior com ele, por outro, lá no fundo, sabia que tinha algo errado. Por que comigo? Por que desse jeito? Por que minhas amigas não podiam saber? Pensei comigo mesma e me convenci de que ele era meu amigo, de que talvez precisasse de alguma coisa e de que tivesse envergonhado de se abrir com as demais. Também preciso dizer que achei o máximo imaginar que ele confiava mais em mim. Na semana seguinte, fui. Sem falar para ninguém.

---

37 Nomes fictícios.

Não tinha movimento na tal sorveteria. Nos sentamos numa mesa afastada, indicada por ele. E aí a coisa ficou feia. Ele disse que não parava de pensar em mim, que queria ficar comigo, que não conseguia dormir, pensando em mim, imaginando como seria me ter nos braços dele. Falou que sabia que eu sentia o mesmo e que percebia no modo como o tratava que eu também queria ficar com ele... Eca!

Respondi que ele estava enganado. Mesmo assim, ele tentou me beijar. Insisti que não, que ele estava enganado, que não era nada daquilo, mas isso parece que o deixou ainda mais excitado. Veio de novo para cima de mim, querendo me beijar.

'Não! Pare com isso', falei, me levantei e vazei dali. Enquanto esperava o Uber, fiquei no balcão. Ele ainda se aproximou com uma conversa de que não era o que eu estava pensando, que entendi errado. 'Sai fora, cara!', falei meio alto. A motorista do aplicativo chegou e fui embora, chocada.

Não tive coragem de contar para os meus pais. Falei para a Mariinha, e ela disse que ele havia tentado o mesmo com ela, do mesmo jeito que fez comigo. Então, falamos para nossos pais, que falaram com a coordenação da escola, de onde ele foi convidado a se retirar.

Na verdade, depois ficamos sabendo, a relação com a Mariinha tinha ido um pouco mais longe do que se sabia. Ela, quando a coisa veio à tona, se deu conta de que fora assediada e até molestada. Até então tudo lhe parecia tudo muito normal, como um caso de amor dos romances que lia."

Colegas de trabalho

Seria exagero dizer que o local de trabalho, muitas vezes, assemelha-se a um campo de batalha de interesses, agendas e metas? Se acha que sim, fico feliz por você, que desenvolve sua atividade profissional em ambiente harmonioso e salutar. Por outro lado, se você estiver entre os que consideram que não há exagero — pelo contrário, que a analogia descreve com precisão o que acontece na empresa, repartição ou loja em que trabalha —, também concordará que dizer "não" nesse ambiente pode funcionar como uma bomba de efeito retardado, com maior ou menor poder destrutivo.

No ambiente de trabalho, mais até do que no social e no familiar, a gestão do "não" é crucial. No mundo laboral, com colegas, superiores e subalternos, tanto quanto no mundo diplomático, a capacidade de negociação, consigo próprio e com os demais, é uma arte a ser aprimorada continuamente. Dela faz parte saber dizer "não", pois, além do pragmático, ele sempre terá um significado político.

Inevitavelmente se receberá, mais cedo ou mais tarde, uma solicitação de ajuda por parte de um colega de trabalho ou uma nova tarefa do seu chefe. E o problema é que, tendo seus próprios prazos, metas, cobranças e limitação de tempo, fatalmente, por bem ou por mal, terá que dizer alguns "nãos". Vale a pena, por essa razão, o esforço para dizê-lo, quando necessário, com assertividade. De novo, e sempre presente, a função do "não" como demarcador de limites.

Algumas das estratégias descritas no capítulo 15 podem ser bastante efetivas no ambiente de trabalho, particularmente com colegas. Entre elas, destaco a sugestão para que o procure mais tarde e a do encaminhamento para alguém sabidamente mais qualificado

Também, nessa situação mais do que em outras, zelar pelo relacionamento interpessoal é importante. Por isso, não invente desculpas e não enrole. Seja honesto e gentil, mas firme na decisão de dizer "não" quando estiver seguro de que seja o melhor a fazer. Não deveria haver motivo para ser evasivo ou para ficar dando explicações. Pode ser contraintuitivo, mas a verdade é que seus colegas e colaboradores provavelmente irão respeitá-lo mais e pensar duas vezes antes de lhe pedirem ajuda ao perceberem que você o fará desde que tenha tempo, disponibilidade e se trate de algo dentro da sua área de atuação.

No ambiente de trabalho costumam ocorrer abusos sutis disfarçados de "espírito de equipe", de "cultura da colaboração" ou de engajamento e dedicação, o infame "vestir a camisa" da empresa. Fique atento ao "elogio" que embute uma manipulação ("você é tão prestativo...sabia que podia contar consigo mais uma vez"). Ele às vezes vem na forma de um "ninguém mais faz isso tão bem como você". Enaltecer suas habilidades e sua dedicação para justificar sobrecarga de trabalho é uma armadilha comum para quem necessita de demonstrações de afeto e aprovação.

Ironias, chantagens e "brincadeiras" são também estratagemas para desqualificar um "não" utilizado para impor limites. Coisas do tipo "nossa, hoje tá difícil, hein? Tá se sentindo chefe?". Também dessa categoria fazem parte o "puxa, pensei que pudesse contar com você" e o machista "tá de TPM, é?".

Outras situações que merecem mudança de posicionamento: você sobrecarregado(a) e cercado de gente à toa e falta de reciprocidade – cobre férias de um colega, troca plantões, resolve pepinos, mas quando precisa, ninguém faz o mesmo por você. Ambas são indicativas de que não se trata de "união e engajamento", mas sim de exploração. Atenção!

Patrão

Em um mundo ideal, o patrão deve estar ciente da carga de trabalho de cada um dos funcionários e, consequentemente, propor novos projetos e delegar novas tarefas de acordo com o cronograma. No mundo em que vivemos, no entanto, as coisas são bem diferentes e não ser capaz de dizer "não", de colocar limites, é problema na certa. Aguda ou cronicamente, o estresse virá e trará prejuízo. Do desempenho sem dúvida, mas também da saúde física e mental.

A maior parte dos funcionários, qualquer que seja o ramo de atuação, absorve mais e mais trabalho simplesmente pela pouca habilidade de dizer "não". Também pelo receio de ser considerado preguiçoso, rotulado como difícil e tido como fraco para trabalho em equipe, qualificações que encurtariam seu tempo na instituição e prejudicariam sua carreira. No trabalho, mais do que em outros setores da vida, há que se identificar e respeitar a linha fina entre empenho e dedicação excessiva e entre comprometimento e exagero de comprometimento. É nela que surge a tensão constante entre a exigência da empresa, personalizada no patrão e nos escalões superiores, e o posicionamento dos funcionários. Quem consegue colocar alguns "não" como marcadores desse limite vive melhor. Pelo contrário, quem nem tenta fazer isso, das duas uma: se consome desempenhando tarefas que não são suas e até de que não gosta ou se frustra por não ser devidamente reconhecido pelos seus esforços. Ambas as alternativas favorecerão o adoecimento, sendo que o mais provável seja o esgotamento profissional.

Ciente de que você é um trabalhador que veste a camisa e faz o seu melhor, lógico que pode dizer "não" para abusos ou sobrecarga. Aliás, deve. Lembre-se: você não é propriedade da empresa, mas sim um funcionário remunerado pelo trabalho que presta. Apesar de concordar com o dito de que ninguém é insubstituível, sei que algumas pessoas fazem muita falta. À medida que desempenha sua função com seriedade e competência, destaca-se no quadro da empresa e cresce seu direito de, ocasionalmente, dizer "não" para mostrar que, não é por ser como é, que fará tudo o que pedem sem questionar.

Embora seja mesmo trabalhoso — não consegui evitar o trocadilho — há maneiras de dizer e sustentar o "não" no ambiente de trabalho com destreza e melhor ainda, sem pronunciá-lo. Essa técnica, descrita em detalhes no capítulo 15, é particularmente interessante na interação empregado-patrão, pois aqui o "não" verbalizado nua e cruamente poderá ter conotações negativas que dificultarão o diálogo subsequente.

Descrevo a seguir algumas ocorrências reais de abuso por parte do patrão e dou sugestões de como se posicionar de forma firme e respeitosa, minimizando o risco retaliação. A primeira da lista é a exigência de tarefas fora do escopo do cargo, sem consulta prévia ou compensação financeira. Luísa "assertivo" mandou muito bem quando respondeu:

"Claro, posso fazer isso pontualmente, mas como não é parte da minha função nem é da minha área, gostaria de saber se haverá reajuste das prioridades e dos prazos para que possa entregar o serviço com qualidade. E também como será calculada a remuneração."

Observe que não há uma negativa explícita na resposta dela, mas uma recusa do abuso implícito na solicitação. Além disso, ela deixou clara a inadequação da ordem com educação e mostrou que tem consciência de seus limites, deveres e direitos.

A segunda é muito comum, mais ainda depois do WhatsApp: contatos e cobranças fora do horário do trabalho. Uma resposta possível seria "vi sua mensagem e respondo assim que chegar ao escritório amanhã cedo". É uma forma de dizer "não" ao abuso de disponibilidade sem confronto, impondo um limite natural sem agressividade, apenas reafirmando seu respeito aos horários de trabalho e de descanso.

E quando o patrão exige horas extras não remuneradas como "prova de comprometimento"? Bem, para começar a não remuneração de horas extras é ilegal no Brasil. Afirmo isso para que tenha ainda mais segurança no seu posicionamento, que poderia algo do tipo "posso até fazer horas extras, desde que saiba com antecedência e que seja de acordo com as normas trabalhistas". Colocado dessa forma, o "não" não é dito, mas condicionado a profissionalismo e respeito;

Por fim, mas tendo consciência que que o tópico não foi esgotado, as tentativas de invasão da vida pessoal, simples "curiosidade" motivada por segundas intenções. Eis um exemplo de resposta assertiva, firme e clara: "melhor deixar minha vida pessoal de fora.

O empregado dizer "não" para alguma solicitação do patrão não necessariamente precisa ser um ato de desacato. O ideal é que seja demonstração serena, mas firme, de lucidez, estratégia e respeito próprio.

"Pena não ter descoberto antes essas dinâmicas no trabalho e como me desvencilhar de pedidos de horas e trabalhos extras. Se fosse hoje, faria muita coisa diferente e evitaria os abusos que sofri como profissional". Comentário de Joana "inseguro" após ler esse tópico.

Há bons funcionários, aqueles que se dedicam e vestem a camisa da empresa, e funcionários ruins, pouco interessados, cheios de fazer valer seus direitos, mas que não cumprem seus deveres com o mesmo devotamento. Talvez possa lhe parecer mais fácil dizer "não" para os que estão na segunda categoria. Nem tanto, pois é com pessoas assim que tudo o que você falar, e principalmente como o fizer, poderá ser usado contra você.

Definitivamente, com pessoas com essas características não seja agressivo.

Mesmo quando se trata de bons empregados, aqueles com quem dá gosto trabalhar, haverá razões válidas para dizer "não", o que implica alguns cuidados para se evitar desgaste no relacionamento. Talvez o primeiro deles seja deixar claro que o "não" de forma alguma é pessoal nem tem a ver com avaliação negativa do serviço ou falta de profissionalismo. Segue-se a isso que a razão do "não" deve ser autêntica e, sendo esse o caso, facilmente justificável. Em terceiro lugar, é também válido, quando possível, que se ofereça uma solução alternativa, negociada com transparência e respeito.

Não é de hoje que os direitos dos trabalhadores têm sido mais valorizados. Não há dúvidas de que são essenciais e devem ser respeitados, mas há situações em que é o empregador que é a vítima de abuso emocional, moral ou financeiro, particularmente quando tem dificuldade em estabelecer limites claros. Lembre-se de que abusos sutis podem acontecer em toda e qualquer relação interpessoal e em qualquer direção, porque estão relacionados com a exploração de fragilidades emocionais e não necessariamente à estrutura hierárquica. Gostaria de exemplos? Pois não, mesmo porque eles abundam.

Aproveitarei para demonstrar minha tese de que o empregador dizer um "não" oportuno e assertivo é um recurso legítimo para se proteger de abusos e que isso pode ser feito sem se passar por autoritário ou insensível.

Uma atitude que costuma gerar confusão é a do patrão que dá muita liberdade aos funcionários, trata-os como amigos ou como filhos, oferecendo caronas ou emprestando dinheiro, por exemplo. Isso geralmente não dá certo. O risco é de o funcionário tratar esses gestos como direitos dele, e que, por isso, deveriam ser perpetuados indefinidamente. Com a palavra, Raul "contido". Lembre-se de que ele é delegado de polícia, mas tem também um pequeno sítio que herdou dos pais e que é seu refúgio.

"No sítio, tem a minha casa, simples, mas confortável, e a do caseiro, que mora lá com a esposa. Elas ficam a uma distância de 150 metros uma da outra. Esse casal ficou lá comigo por uns cinco anos, e nosso relacionamento sempre foi bom. Ele cuidava da piscina, do gramado, dos cachorros, mantinha o pomar em ordem e zelava pela cerca que fazia fronteira com as propriedades vizinhas. Ela só fazia a faxina da minha casa e lavava as roupas de cama e banho. A contrapartida deles era a moradia, a autorização para criarem galinhas, fazerem uma horta e o registro em carteira. Sempre paguei o salário em dia e os direitos (férias e 13º) conforme a orientação do contador. Estava também acordado que eles podiam receber parentes na casa deles.

Lá era eu na minha casa, lendo ou assistindo TV, e eles na deles. Uma vez por mês, o caseiro e eu caminhávamos pela propriedade, ocasião em que conversávamos sobre as tarefas a serem feitas e em que ele contava de suas dificuldades. Mais de uma vez dei algum dinheiro para ele arrumar o carro. Também comprei uma TV para eles quando a deles pifou. É um lugar para onde vou nos fins de semana, mas não todos. Em geral, aviso quando estarei lá para que a esposa do caseiro prepare minha casa.

Eis que chego num domingo na hora do almoço, sem avisar, não porque tivesse qualquer desconfiança, mas porque estava voltando de um casamento no dia anterior em cidade próxima e resolvi dar uma passada por lá. Minha irmã (Sônia "contido-inseguro") estava até comigo.

Eles (o caseiro e a esposa) ficaram surpresos ao me ver, mas eu mais ainda.

Estava rolando um churrasco à beira da piscina – coisa que eu mesmo nunca havia feito. Estava cheia de gente. Meu caseiro assistia ao futebol na minha casa. A esposa, na piscina com parentes e amigos dos parentes. Comecei pedindo licença ao caseiro, solicitando que ele saísse da minha casa, depois acalmei a Sônia, que estava soltando fogo pelas ventas, falando que era muito desrespeito, um absurdo, uma traição da confiança que eu depositava neles. Mas ela não tinha nada a ver com aquilo.

Disse para ele dispensar aquele pessoal e que depois viesse conversar comigo. Não demorou muito e eles chegaram em casa. A esposa chorando, o caseiro, amuado. Ele se orgulhava da imagem de trabalhador dedicado e correto que passara para mim, e que se derretera naquele dia. Ele achou que eu não ligaria se eles reunissem parentes na casa deles, que eu havia sempre sido como um pai para ele. Ao que eu respondi secamente:

'Meus gestos foram sinceros, mas, pelo jeito, mal interpretados. O combinado sempre foi que poderiam receber parentes na sua casa, não na minha área privativa. Isso nunca foi sequer conversado. E você assistindo à TV na minha casa, sentado no meu sofá, tomando minha cerveja!? Quando eu fiz isso na sua casa? Quando entrei lá sem ser convidado? Se quiserem continuar aqui, vão receber uma advertência e daqui para a frente nossa relação será estritamente regida pelos termos do contrato de trabalho'."

Estranhou Raul não ter dispensado os funcionários alegando justa causa? Eu também. Mas ele explicou que não tinha quem colocar no lugar, que do jeito que conduziu eles ficaram gratos e passaram a se dedicar mais ao trabalho. De todo modo, naquele domingo fatídico, a estrutura do vínculo foi restabelecida em parâmetros mais rígidos. Funcionários contrariados com uma ordem ou serviço podem realizá-lo de má vontade, executando o passo a passo de maneira lenta ou desleixada como forma de expressar seu descontentamento. É o que se denomina resistência passivo-agressiva aos comandos.

Aqui, uma vez percebida, a atitude deve ser denunciada. Fazer vista grossa não costuma funcionar. De que modo? Mais ou menos assim: "notei que não está satisfeito com essa tarefa. Deixou isso claro pela mudança no ritmo de trabalho, muito abaixo do seu habitual. Se estiver desconfortável, vamos conversar. Sabotar o trabalho não é aceitável."

E quando o empregado ou o prestador de serviços se atrasa ou falta repetidamente alegando imprevistos constantes? "Minha mãe passou mal", "o ônibus não passou", "tive consulta médica", "tive que ir à escola do meu filho resolver um problema" e por aí vai. Joana "inseguro" conta ter perdido as contas de quantas desculpas o marceneiro inventou para justificar o atraso na entrega e na instalação dos armários que ela havia encomendado. E pago.

"Essas que você falou e mais outras, algumas tão criativas que me faziam rir de raiva e indignação. Imagine que um dia ele me falou que estava a caminho da minha casa e furaram dois pneus, em trechos diferentes. Mas, ele se esqueceu que já havia usado essa.

Esse sujeito explorou minha empatia até o máximo, mas, depois dessa, disse para ele que sabia que imprevistos aconteciam, mas no caso dele deixaram de ser exceção para virar um padrão que minou a confiança que eu havia depositado nele. Também disse que não toleraria mais ser feita de boba e que de boba eu só tinha mesmo o jeito de andar, mais nada.

Ele ainda tentou inverter a situação e fazer-se de coitado, dizendo que eu só via o lado ruim e não reconhecia o que ele já havia feito em outras ocasiões. Ah, aí não aguentei. Expliquei que reconhecia sim o que já havia sido feito, mas que isso não anulava a necessidade de que o serviço atual fosse concluído, já que estava muito atrasado. Então contei que já tinha tudo pronto para registrar uma reclamação no Procon caso ele não terminasse em três dias. Ele, sempre de cara feia, finalizou o trabalho. Fico nervosa só de lembrar!"

Estranhos

"Dizer não para um estranho? Qual poderia ser a dificuldade aqui?" — seriam questionamentos pertinentes por parte de alguém que não se aprofundou na questão. De fato, dizer "não" para estranhos deveria ser mais fácil, dado que não existe ligação pessoal, nem qualquer obrigação e muito menos dívida.

Para algumas pessoas, entretanto, dizer "não" para um estranho é quase tão difícil como negar algo para amigos e familiares. E isso por uma razão simples: sentimento de culpa. Este, por sua vez, está diretamente relacionado a valores e princípios. Há aqueles que se sentem compelidos a dar dinheiro para pedintes. Já outros pensam que,ao fazer isso, não estão, verdadeiramente, ajudando o mendigo, mas sim contribuindo para que ele se perpetue naquela condição.

Dependendo dos valores e padrões que as guiam, as pessoas agem de um jeito ou de outro diante de estranhos. O importante no que diz respeito a dizer "não" é que você identifique os seus padrões, sem se preocupar muito com o que os outros achem, e que tome decisões que estejam de acordo com eles. Se você é como Roberto "agressivo", que não acha correto dar esmola e ainda se irrita com eles quando o abordam no sinal, achará mais fácil se recusar a fazê-lo, visto que é algo alinhado com sua regra pessoal.

Também, por razões de segurança, bom-senso ou simplesmente por falta de recursos e disponibilidade, dizer "não" para estranhos, no mais das vezes, é a melhor opção. Ao ler uma versão preliminar deste texto, Raul "contido" pediu que eu incluísse aqui o relato de uma experiência que ele teve em viagem de volta dos Estados Unidos, a qual consideramos ilustrativa.

Para que não se cansasse tanto, ele fez um investimento: comprou um assento com mais espaço para pernas. E deu sorte. Além desse conforto, o assento ao seu lado, que também custava um pouco mais caro, estava vago. Tudo ia bem até que, depois de mais ou menos três das dez horas previstas de voo, um sujeito se aproximou dele perguntando se aquele assento estava vago. Ao receber a resposta afirmativa, aboletou-se nele e ainda invadiu o espaço "aéreo e terrestre" do território de Raul.

"Eu deveria ter dito que o assento estava livre, mas que, para se sentar nele, seria necessária autorização do comissário de bordo. Mas, uma vez o cara lá instalado, o que podia fazer?", perguntou ao me relatar a situação.

"E, fazendo jus à minha linhagem, os "contido", fiquei ruminando o vacilo e curtindo a merecida consequência, por um bom tempo. Asseguro-lhe, porém, que aprendi a lição", complementou. Tomara que sim. E que você também, caro leitor, possa tirar proveito desse exemplo.

Epílogo

Agradeço-lhe por ter me acompanhado ao longo dessa jornada sobre a arte de dizer "não". Espero recompensá-lo com uma síntese de tudo o que escrevi; a mensagem a ser levada dessa leitura.

Durante a preparação deste livro, nas leituras e nas reflexões que fiz, algo me ficou bastante claro: saber dizer "não" é mesmo uma arte e, como tal, não é algo que possa ser aprendido somente na teoria. A prática é fundamental. Além disso, quando se trata de arte, cada um terá seu estilo. Chamo atenção para esses fatos porque alguns dos livros que li propõem exercícios e até passo a passo. Achei interessantes, mas claramente não servem para todos. Não há um caminho só. Apesar de o destino ser comum – dominar a arte de dizer "não" com maestria, não largamos todos do mesmo ponto de partida e, por isso, os percursos serão necessariamente diferentes. Daí não ter me preocupado em "manualizar" mais um modo de dizer "não".

Notei ainda mais um complicador. Apesar da ênfase na importância do "não" bem-dito e bem colocado, é parte inerente a esse ofício saber escutar e assimilar "nãos" vindos dos outros e, tão essencial quanto, ter noções do seu contraponto, as melhores formas de dizer "sim".

Conviver implica respeito, pelos outros e pelos bens comuns, mas também por nós mesmos. Necessariamente passa também por encaixes, adaptações e renúncias que devem ser negociados um a um. Dessa negociação fazem parte os "sim", mas principalmente os "não" bem ditos, os demarcadores de limites. Daí a necessidade de se dominar a habilidade de dizer o "não" assertivo, oportuno e que nos coloca na relação em patamar de igualdade com nossos semelhantes.

Lembre-se de que quando assentimos a demandas de outras pessoas e colocamos as prioridades delas à frente das nossas, abdicamos de recursos pessoais preciosos que, uma vez passados adiante, não poderão ser reavidos. Exagero? Acho que não. Tempo e energia são recuperáveis? Não. Pode até haver algum tipo de ressarcimento ou compensação, mas o que se foi, se foi. Por isso, autorrespeito e comedimento, após consulta íntima, são a regra. Como esse é o capítulo final, cabe reforçar que pensar primeiro em si, colocar-se em primeiro lugar, é diferente de egoísmo.

Tendemos a considerar que a maioria das demandas que nos fazem exigirão pouco, mas, também na maioria das vezes, enganamo-nos. Frequentemente, custa mais do que pensamos e gostaríamos. Não se deixe enganar diante de argumentos de que será fácil, valerá a pena e não terá custo.

Espero tê-lo convencido.

Apêndices

1. Direitos e deveres para dizer "não"

Gostei do modo como James Altucher e Claudia Azula Altucher apresentaram, logo no início do livro The power of no (2014), ainda inédito em português, a ideia de que temos o direito de dizer "não". Temos, aliás, uma Declaração de Direitos para isso. Vali-me da ideia deles para redigir este apêndice e complementei-o com o que chamei de Lista de Deveres. Na verdade, a meu ver, elas são indissociáveis: a primeira só é válida se a segunda for respeitada integralmente.

Declaração de direitos

Você tem o direito:

1. De dizer "não" para coisas que possam machucá-lo e para relacionamentos tóxicos.

2. De decidir para quem vai dizer "não", independentemente do que a sociedade lhe impõe.

3. De dizer "não" para o que o desvie de sua criatividade e o impeça de viver plenamente sua vida.

4. De se ater ao que havia originalmente planejado fazer; de colocar seus interesses em primeiro lugar.

5. De dizer “não” às narrativas que o tolham de suas liberdades, que não se alinhem às suas crenças nem com sua capacidade de ter uma vida satisfatória.

6. De fazer as coisas no seu tempo, no seu ritmo e de se permitir a pausa necessária para se situar melhor sobre o que está acontecendo antes de se posicionar;

7. De dizer “não” à máscara (carapuça) que tentam (parentes, cônjuge, filhos, patrão, funcionários e pessoas em geral) colocar em você, à mentira e à falsidade.

8. De dizer “não” ao complexo de inferioridade, aos medos que não lhe pertencem, mas que o acometem de quando em quando.

9. De recusar convites para viagens no tempo e evitar fazê-las por conta própria. No passado estão mágoas e ressentimentos. No futuro, preocupações que geram insegurança.

10. De se manter em silêncio – se distanciar do barulho, do noticiário, de pressões e responsabilidades – por um ou mais momentos por dia, todos os dias, para se recompor e recuperar seu foco;

11. De dizer “não” para seu eu idealizado, para o que você pensa que é ou deveria ser com o intuito de agradar os outros e ter mais sucesso.

12. De pensar “Será que devo dizer ‘não’?” em muitas circunstâncias de vida; de refletir sobre essa questão, de debatê-la e ponderá-la

com o intuito de entender melhor quem é você, o que é bom para você, para a sua vida e para os que estão à sua volta.

Lista de deveres

Você tem o dever:

1. De estar atento para não entrar em situações que o coloquem em risco ou que possam ter consequências nocivas.

2. De respeitar as regras de boa convivência, principalmente a de que a sua liberdade termina no momento em que, ao exercê-la, você causa prejuízo a outra pessoa.

3. De buscar clareza do que quer fazer e de qual caminho pretende trilhar ao longo da vida.

4. De compatibilizar, à medida do possível, seus interesses com os do grupo de que faz parte.

5. De fundamentar suas crenças em fatos mais do que em pura ideologia.

6. De cumprir as funções e os prazos conforme acordado previamente com a outra parte interessada.

7. De cultivar a honestidade (intelectual e moral) de maneira regular e coerente, sem exceções.

8. De perseguir a realização de suas potencialidades, enfrentando seus medos e respeitando os princípios e valores que regem nossa sociedade.

9. De viver o presente, tempo em que podem ser corrigidos erros passados e prevenidos problemas futuros.

10. De falar e participar dos acontecimentos de seu grupo de convívio, procurando contribuir para seu desenvolvimento.

11. De ser autêntico e aprimorar os meios de compatibilizar sua autenticidade com o convívio em sociedade.

12. De refletir "será que devo dizer 'não'?" em muitas circunstâncias de vida, com o intuito de entender melhor quem é você, o que é bom para você, para a sua vida e para os que estão à sua volta.

2. O "NÃO" AO QUE NÃO NOS CONVÉM (VÍCIOS, RELACIONAMENTOS TÓXICOS, JUNK FOOD, PROMISCUIDADE E COISAS DO GÊNERO)

Dizer "não" não é somente algo a ser feito em situações de cada dia, mas também uma escolha em circunstâncias não tão comuns — e talvez nessas mais ainda. Essa é mais outra razão, se ainda não estiver convencido, para nos preocuparmos em desenvolver e cultivar tal habilidade.

Aqui me refiro ao "não" para relacionamentos abusivos, propostas indecentes, drogas, vícios e comportamentos autoagressivos. É sim possível nos prepararmos para dizer "não" ao sWofrimento desnecessário, para o gasto supérfluo, para o desgaste físico e mental exagerado, ao que nos afaste dos que nos querem bem e os entristece, e para o que retarde nosso desenvolvimento pessoal, desde que se queira e se saiba como fazer. Lógico que isso vai de cada um, mas dizer que é impossível não é verdade. É um posicionamento que envolve esforço, mas também componentes emocionais, psicológicos e culturais.

Uma característica comum de todos os componentes deste apêndice é que eles vão se instalando insidiosamente, na forma de hábitos de convivência diária. Do contrário, seria mais fácil se desvencilhar deles. O fato é o seguinte: na dúvida, se o seu bom-senso e a avaliação do risco (alguns chamam de intuição) lhe dizem que aquilo pode ser uma fria, caia fora.

Lembro-me de minha filha, adolescente à época e hoje mulher feita, dizendo com segurança que jamais aceitaria uma bebida — muito menos um comprimido — de um desconhecido. Perguntei: "E se fosse uma amiga? E se fosse a sua melhor amiga?". Foi aí que percebeu onde mora o perigo. Isso a fez refletir.

Comecei a fumar aos 14 anos para impressionar meus grandes amigos que, descobri nas férias, já fumavam. Peguei gosto e só consegui parar aos 22, no quinto ano da faculdade de medicina, incomodado com a contradição de recomendar a pacientes da clínica vascular que abandonassem o cigarro por causa das arterites obliterantes dos membros inferiores[38], enquanto eu mesmo fumava.

Não foi fácil, mas com que autoridade eu podia fazer aquela prescrição se trazia um maço de cigarros no bolso? As vezes em que exagerei na bebida, na juventude, também foram ocasiões em que tentava acompanhar ou impressionar os que estavam ao meu redor. Agradeço por não ter tido amigos que usassem drogas nessa época. Talvez eu tivesse embarcado nelas por curiosidade ou para acompanhar o ritmo da turma. Afinal, é de conhecimento geral que é mais fácil entrar em uma fria do que sair dela depois de já estar dentro. Na faculdade, quando convivi com colegas e conhecidos que usavam drogas, eu já tinha a cabeça feita de que elas não agregam valor à vida. Pelo contrário.

Isso que chamei de cabeça feita, de ter opinião formada sobre determinados hábitos ruins, adquire-se a partir de alguns pressupostos básicos:

1. Desenvolvimento de autoestima e de autocuidado. O "não" ganha força quando está a serviço de um "sim" mais elevado: dizer "não" para algo nocivo é dizer "sim" para si mesmo.

2. Reconhecimento e aceitação do vazio que existe dentro de você, que era preenchido por prazeres imediatos e que o afastam da realidade, pela companhia de pessoas tóxicas, pelo consolo passageiro proporcionado pelo abuso de álcool e de outras substâncias.

---

38 A doença arterial periférica é uma condição crônica que se caracteriza pelo estreitamento das artérias e arteríolas, vasos sanguíneos que levam oxigênio para os membros inferiores. Esse estreitamento causa a redução da circulação para os tecidos, o que pode levar à necrose. Os principais fatores de risco são tabagismo, sobrepeso, sedentarismo, diabetes, pressão alta e colesterol elevado.

Somente sem esse preenchimento ilusório, o vácuo interior será ocupado com recursos próprios.

3. Clareza de que estamos falando de substituição e não de simples eliminação. É muito mais promissor trocar um hábito ruim por um bom do que erradicar o ruim e não ter o que fazer com o tempo que sobrará.

4. Desenvolvimento da tolerância à frustração.

5. Revisão de vínculos e ambientes que acionam gatilhos. Não há dúvida de que é menos difícil dizer "não" longe da tentação.

6. Cultivar e fortalecer a clareza do que deseja para si e treinar formas educadas e assertivas de dizer "não".

7. Preparar-se para o que é previsível. Ensaiar antecipadamente como irá reagir a convites e ter na ponta da língua o que dirá.

É muito comum que pessoas com dificuldade para recusar ou evitar situações, relacionamentos e comportamentos que lhes fazem mal me perguntem por onde começar, qual o primeiro passo a ser dado nesse processo. Muitas vezes, mesmo depois de saber, elas acabam patinando no mesmo ponto. A primeiríssima coisa a fazer é criar uma pausa entre estímulo e resposta; um lapso de tempo entre o impulso e a ação. É nesse espaço-tempo que mora a liberdade de escolha. E como se faz isso? De diversas formas, todas válidas, dependendo do contexto. Algumas delas são tão simples que acabam sendo ignoradas. Não cometa esse erro.

Na prática, ganhe tempo dizendo algo neutro para refrear a resposta automática (em geral, um "sim"): "agora não" ou "espere um pouco". Ao mesmo tempo, se puder, afaste-se fisicamente (dando um passo para trás) ou se desconecte do contato visual (virando o rosto ou olhando para outro lugar). Respire profunda e lentamente uma ou duas vezes para se reconectar consigo e relembrar o que está em jogo ali. Responda com firmeza e convicção: "Não!".

Não precisa se justificar nem dar muitas explicações. Variações sobre o mesmo tema: "não, valeu", "não, tô fora", "não, saí dessa". Utilize seu plano de fuga. Não tinha um? Preparou-se mal, vacilou. Evite a segunda oferta, em geral mais insistente, mude os rumos da conversa e evite argumentar demais. Quanto mais se debate, mais abertura para pressão e manipulação. Externa e interna.

Para as categorias deste apêndice, dizer "não" pode ser verbalizado, como vimos. No entanto o posicionamento deve ser completo, talvez até mais do que nos outros contextos do livro. A linguagem corporal deve reforçar ou, melhor ainda, expressar o "não" mesmo que ele não seja dito. Isso causa um impacto maior e é, sem dúvida, mais convincente. E quais são os sinais corporais indicativos de um "não" evidente e inquestionável?

Os conscientes — que você fará de propósito para enfatizar a negativa – são basicamente quatro: balançar a cabeça de um lado para o outro; expressão facial de reprovação ou desconforto — olhar sério, fixo e firme com lábios cerrados ou contraídos; gestos com as mãos — palmas voltadas para fora em sinal de "pare", dedo indicador em riste, para impor limite; corpo enrijecido com tronco inclinado para trás, afastando-se do interlocutor. Esses sinais, combinados e em sintonia com seu discurso, transmitem tão claramente a mensagem de "não" que ela será entendida.

E se, mesmo assim, deixando tão clara minha posição, o outro insistir? Ah, aí é virar as costas e ir embora sem dar satisfações; deixar a pessoa falando sozinha.

3. Negativas seguras — testadas e aprovadas — para cada ocasião

Ter um repertório de frases para dizer "não" de forma clara, respeitosa e autêntica ajuda a desenvolver essa habilidade. O segredo é usá-las com firmeza e sem dar muitas explicações. Quando não quiser fazer algo, mas teme parecer rude:

- "Agora, nesse momento, não posso, mas agradeço por ter se lembrado de mim."
- "Gostaria de poder ajudar, mas, nesse momento, não é possível."
- "Sinto muito, mas, dessa vez, preciso recusar."
- "Não tenho a menor condição de assumir essa responsabilidade agora."

Quando quiser recusar um convite:

- "Agradeço, mas não poderei ir. Espero que seja muito bom."
- "Nesse momento, minhas prioridades são outras. Obrigado por entender."
- "Estou 'numas' de ficar mais comigo mesmo, por isso vou passar dessa vez."
- Quando precisa se desvencilhar de trabalhos-extra ou favores:
- "Gostaria de ajudar, mas infelizmente não consigo assumir mais essa tarefa."
- "Isso extrapola o que posso fazer agora."

- “Prefiro ser sincero e honesto com você: não tenho como fazer isso.”
- “Prefiro não me comprometer com algo que não posso fazer com qualidade.”

Quando não quiser conversar sobre determinado assunto:

- “Não quero falar sobre isso agora.”
- “Esse assunto é delicado para mim, não me sinto à vontade para falar dele.”
- “Posso ouvir, mas não vou opinar sobre isso.”
- “Hoje não tenho condições de conversar sobre isso.”

Quando quiser simplesmente dizer “não” sem se justificar:

- “Não, obrigado(a).”
- “Não é algo que eu queira fazer.”
- “Não tenho tempo para isso.”
- “Não vou entrar nessa.”

Quando estiver começando a exercitar o seu “não”:

- “Estou treinando dizer ‘não’ com mais clareza, então talvez soe esquisito, mas aqui vai: não posso fazer isso.”

Leitura complementar

ALTUCHER, J.; ALTUCHER, C. A. **The power of no**: because one little word can bring health, abundance, and happiness. Carlsbad: Hay House, 2014.

GUIX, X. **Atrévete a decir NO y refuerza tu autoestima.** Madrid: La esfera de los Libros S.L., 2010.

HETEM LAB. **A grande obra**: como lidar com orgulho, inveja, raiva e culpa. São Paulo: Editora Novo Século, 2016.

KEMP, J. **No!** how one simple word can transform your life. New York: AMACOM Books, 2005.

MANRESA, M. **Learning how to say NO!** when you usually say yes. Ocala: Atlantic Publishing Group, Inc., 2012.

MATÉ, G. **When the body says no**: the cost of hidden stress. Londres: Vermilion, 2019.

PHILLIPS, A. **Dizer NÃO**: impor limites é importante para você e seu filho. Rio de Janeiro: Campus Ltda., 2000.

ZAHARIADES, D. **The art of saying no:** how to stand your ground, reclaim your time and energy, and refuse do be taken for granted (without feeling guilty!). Califórnia: Art of Productivity, 2017.

grupo novo século

Compartilhando propósitos e conectando pessoas.
Visite nosso site e fique por dentro dos nossos lançamentos:
www.gruponovoseculo.com.br

ns

facebook/novoseculoeditora
@novoseculoeditora
@NovoSeculo
novo século editora

gruponovoseculo.com.br

1ª Edição
Fonte: Minion Pro